[KIZUNA COMPACT]

ラクしてうまくいく生き方

自分を最優先にしながら
ちゃんと結果を出す100のコツ

ひろゆき
（西村博之）

まずは半径5メートルから

日本の「安い、治安がいい、飯がうまい」が消える日

2023年5月、新型コロナウイルスの感染症法上の位置づけが、季節性インフルエンザと同じ「5類」に移行。外出自粛の要請がなくなりました。マスク着用においても、日本は同年3月に「個人の判断」とされています。

6月には、日経平均株価が、バブル崩壊以降の最高値を33年ぶりに更新。〝アフターコロナ銘柄〟も注目されました。2023年の春闘も、大手企業では満額回答が相次ぎ、30年ぶりの賃上げ水準を実現しました。

ただし、賃上げについても、中小企業と大手では格差があります。そして、エネルギー価格や原材料価格の上昇による光熱費や日用品などの値上げラッシュが、一般家庭の家計を直撃しています。その余波もあるのでしょうか、新宿・歌舞伎町のとある公園では、何人もの若い女性が売春の客待ちのためにズラーっと並んでおり、その様子がSNSやメディアを通して拡散。「ここは本当に日本なのか?」とショックを受けた人もいるようです。

僕は、日本のいいところって、「安い、治安がいい、飯がうまい」の3点だと思っています。でも、物価上昇で「安い」が消え、路上売春が行われるなど「治安」も悪くなっています。近年は、安い回転寿司屋さんやコンビニエンスストアで、不衛生な迷惑行為を行う「外食テロ」「バイトテロ」も起こっていました。最後に残った「飯がうまい」も、危機的状況なのかもしれません。

「利他」よりも前に、とりあえず「利己」を考えよう

　ＳＮＳを見れば、フェイクニュース（デマ情報）や差別的発言が蔓延している一方で、立派な正論や政治的正しさ（ポリティカル・コレクトネス）もあふれています。もちろんフェイクニュースに騙されたり、差別的発言に影響されヘイトスピーチをするのは論外でしょう。しかし、一方で、立派な意見についつい流され、「戦争のない世界を作ろう！」とか「日本社会を変えてみよう！」とか、だいそれたことを言い出してしまう必要も、一般人にはないのではないでしょうか。国や社会規模の大きな話は、偉い人や暇な人に任せておけばいい。

　たとえば、世界的に見ても、地球温暖化や環境問題は深刻ですよね。しかし、それに対して一人ひとりの人間ができることは、微々たるものです。

　温暖化を促進する二酸化炭素濃度の増加原因の大部分は、石油・石炭といった化石燃料の燃焼によるものです。また、温暖化の原因のひとつであるメタン増加

も、家畜となっている牛の反芻《はんすう》や、埋立や水田開発といった人間の活動が関係しています。

つまり、人が大量に生きている限り、地球温暖化が進んでしまう。意識も年収も高い、偉い人たちは、これを解決するために「テクノロジーで二酸化炭素を減らす活路を見出すべき」とか「そもそも資本主義から脱すればいい」とかいった意見をいっています。

ＳＮＳで流れる、偉い人のこのような理想論・空論をリツイートしたところで、残念なことに世の中はなかなか変わりません。それに、それらの解決を図るのならば、そもそも地球の人口を減らしたほうがいい、という論理もあります。だからって、地球環境のために、自分は死んだほうがいい、とはならないですよね。

結局、凡人ができることは、突き詰めてしまえば、自分ができる範囲で、ゴミを少し減らすとか、無駄遣いしないようにするとか、地道なことです。価格の高いＳＤＧｓ配慮商品（将来の世代の欲求を満たしつつ、現在の世代の欲求も満足させるよう、開発された商品）を、無理して買う必要はありません。

「利他（他人に利益を与えること）」という言葉がありますが、それは余裕のある人にとりあえず任せておいて、まずは自分の利益を考える「利己」を意識すればいいのではないかな、と思ったりします。

しんどい世界でラクして生きていくコツ

国や社会規模の大きな問題は、偉い人に任せておけばいい、といいましたが、それがうまくいかないのが困りごとでもあるんですよね。

偉い人に任せた結果、21世紀の今も、世界では戦争が起こっています。貧困がなくなる気配もありません。

先進国の日本はといえば、経済ひとつとっても、当面、よくはならないでしょう。

日本の政治家の多くは、日本経済をよくしたいと思っています。しかし、少子化問題対策や子どもの教育レベルを上げることは、後回しにしています。

僕は日本経済をよくするためには、①少子化問題を解決し、人口を増やすこと、②高等教育の無料化などで教育レベルを上げ、生産力をアップさせること、この2つの政策を偉い人が実施することが先決だと思っています。でも、こういう案に、日本の政治家の過半数は、賛成してきませんでした。

少子化対策となると、いつも「必要な数兆円の財源はどうするのか？」という話になってしまいます。一方、同じく予算が組まれる防衛費の増額とかは、財源の話をスルーして、一瞬で決まっています。

ということで、偉い人に政治や経済を任せたとしても、たいしてうまくいっていません。だから、結局は自分ができることを一歩一歩やっていくしかないというう、残念なことになるんですよね。

この本には、大それたことは書かれていません。ただ、「あぁ、生きることがしんどいな」と思っている人が、少しでも、ラクして生きられるようになるコツみたいなものを、100個抽出しました。

本書でいいたいことは、一般の人であれば、社会や国をよくしよう、と理想を追求するのではなく、自分や自分の周りの家族や友人のことを大事にして、各々が幸せになることを優先して生きていったほうがいいのではないか、ということなんです。

世界を変えるのは、なかなか難しい。でも、自分や自分の周りの半径5メートルであれば、変えることができると思います。

本書は、コロナ禍の2021年に出版された本ですが、書かれてあることは、コロナ禍が明けた2023年にも通用することも多いんじゃないかな、と思っています。ということで、気楽に、パラパラとページをめくっていただければ幸いです。

2023年6月　ひろゆき

本作品は２０２１年６月に小社から出版されました

CONTENTS

第2章 お金の使い方を変えてみましょう

第3章 人間関係を変えてみましょう

第4章

働き方を変えてみましょう

第5章 心の持ちようを変えてみましょう

執筆協力：松村バウ、中野一気（中野エディット）
装丁：渡邊民人（TYPEFACE）
本文デザイン：清水真理子（TYPEFACE）
谷関笑子（TYPEFACE）
イラスト：wako
イラスト協力：西村ゆか

動を

ましょう

第1章

自分の行
変えてみ

家を建てているときに釘が折れたら、
家を建てるのをやめる？
それとも釘を交換する？

ルワンダの格言　1900年ころ

「自分ルール」をつくりましょう

どの社会にも必ず「ルール」があります。たとえば、あんぱんを盗むことに快楽を覚える人がいて、日本のコンビニであんぱんを盗んだとします。その結果どうなるか。刑法235条の窃盗罪、「他人の財物を窃取《せっしゅ》した者は、窃盗の罪とし、10年以下の懲役又は50万円以下の罰金に処する」に該当し、逮捕されます。

僕はコンビニであんぱんを盗んだら逮捕される社会のままでいいと思いますが、それに反対するのならば、許されない国から出ていくか、選挙に出て当選し、賛同してくれる仲間を集めて法律を変えるべきです。**そういう面倒くさいことをしたくないのであれば、法律など明文化されているルールは守らなければなりま**

せん。もちろん、クリームパンも盗んじゃダメです。

一方、「デート代は男が出さなければならない」「赤ちゃんは母乳で育てるのが母親として当然」といったことは、別に法律で定められているわけではありません。**これらはだれかが勝手に決めて、なんとなくみんなが従っているルールです。従うのが苦痛であれば、従う必要はないです。**「生きるのがしんどい」という人は、この「だれかが勝手に決めたルール」に自分から縛られにいっている気がします。

そこでおすすめなのが「自分ルール」をつくり、それを元に生きていくこと。本書でこのあと述べるのも、基本はこの「自分ルール」の話です。

それぞれの項目で矛盾《むじゅん》しているような内容もありますが、別に全部を実践する必要はなくて、読者のみなさんがそれぞれ「これはいいな」と思ったものを自由に取り入れてもらえればOKなのです。

目標はトコトン低くしときましょう

人間がなにかを達成するには、「目標」を立てることが大切です。

でも、あまりに高い目標を掲げると、行動するのがおっくうになってしまうこともあります。たとえば、ふだん運動していない人が「毎日10キロ走る！」という目標をいきなり立てた場合、雨が降ったり疲れていたりしたときに「今日はもういいや」となってしまい、そのまま挫折《ざせつ》しがちです。

物事って「やりたいこと」「やりたくないこと」「どうでもいいこと」の3つに分類できると思うのですが、**目標ってたいていは「やりたくないこと」なんですよね。**やりたくないことに手をつけるために、みんなやる気を出す方法をあれこ

れ模索します。でも、人間には「やる気」なんて本当は存在しないんです。脳科学者の池谷裕二《いけがやゆうじ》さんも、「『やる気』という言葉は、『やる気』のない人間によって創作された虚構《きょこう》」と断言しています。

一方、**人間には、やりたくないと思っていることでも、いったん始めてしまうとなんだかんだ気分が乗ってきて、その行動を続けてしまう習性があるんです。**やる気が出たというのはこれを錯覚《さっかく》しているだけでしょう。

だから、目標を立てるときは、行動しやすさを重視して、トコトン低く設定してはどうでしょうか。僕も原稿を書きたくないときなんかは、「1行書いたら、1時間ゲームしていい」みたいな自分に甘すぎる目標を立てています。そうやって1行書いてみると、あんがい2行、3行とスルスル出てきて、あっというまに原稿が完成するなんてことにもなったりするわけです。

有名人になろうとするのはやめましょう

世の中には、メディアのなかで活躍する有名人を見て「自分もああなりたい」と憧《あこが》れる人がけっこういるみたいです。いまはだれでも簡単にインターネットで発信できるので、以前よりも有名になれる確率は上がっています。

でも、**僕は有名になることは、あんまりいいことがないと思っています。**有名になると、無名の人より負担が増える「有名税」というものが発生してしまうからです。

たとえばタレントさんが不倫なんかをして日本じゅうからバッシングを受ける光景をよく見かけますね。無名の人の不倫ならば、せいぜい離婚することになっ

たり、慰謝料を払ったりする程度ですむでしょう。しかし、彼らタレントは有名なせいで、伴侶《はんりょ》だけでなく仕事まで失ったりします。とくに、日本はテレビの影響力がまだまだ強いので、海外に比べて有名税も高い印象です。

僕もそこそこ顔が知られているので、日本で過ごすときは、うっかりなにか炎上しそうなことをしないようにことさら気を遣っています。ポケモンGOをしているだけで写真を撮られたりしますから、たとえば立ちションなんてしようものなら、あっという間にSNSなどで拡散されてしまうかもしれません。

しかも、**一度有名人になってしまうと、そこから「無名の人」に戻るのはきわめて難しい。**ネットの検索で、昔の出来事も簡単に発見されてしまいますしね。だから、無名のままで生きていけるなら、有名人なんて目指さないほうがラクな人生を送れますよ。有名になっても疲れるだけで、いいことはそんなにありません。

よく寝ましょう

日本人って、忙しいと睡眠時間を削りがちですよね。ヘルスケア製品メーカーの国際的企業フィリップスが毎年「世界睡眠調査」というものを行っているのですが、２０２０年の調査では、日本は睡眠に満足している人の割合が32％と最下位でした。

僕は朝起きられないので、平気で遅刻をします。**遅刻しないことよりも、じゅうぶんな睡眠をとることのほうが大切だと考えているからです。**睡眠不足だと疲れが残ってしんどいし、仕事などのパフォーマンスも落ちますよね。

僕は自分の能力はせいぜい65点くらいのものだと思っています。でも、自分よ

り能力の高い人よりも安定して結果を残してきました。それは、睡眠時間を絶対に削ってこなかったからだと思っています。

85点くらいの能力を持っている人でも、睡眠不足でコンディションが悪いと40点くらいの結果になってしまいます。一方、僕はつねに十分な睡眠時間で体調管理は完璧。つねに65点を出せる自分をキープしているのです。

安定して結果を出せるほうが、人生はラクになります。そのためにも、とにかくよく眠りましょう。寝つきが悪い人には、**「連想睡眠法（認知シャッフル睡眠法）」**がおすすめです。これは横になったら1つの簡単な英単語を思い浮かべて、その単語の「最初の一文字」から始まる単語の映像を思い浮かべていく、という入眠法です。たとえば「sleep」という単語を思い浮かべたら、次に「snow」「ski」「sky」という単語とその映像を数秒間イメージします。この方法を使えば、だいたい5分前後でぐっすり寝つくことができますよ。

たくさん稼いでいる人は素直に応援しましょう

残念ながら、いまの日本はがんばって働いても給料が上がりにくい社会です。これは仕方ありません。一方、SNSを見ていると、株取引で成功した人や起業して大金を手に入れた人たちが目につくので、どうしてもそういう人に嫉妬《しっと》してしまう人は多いんじゃないでしょうか。

けれど、**そもそも儲《もう》けている人に嫉妬するのって、日本人のよくないところなんじゃないか、と思うわけです。** たとえば年収3000万円の外資系企業に勤める会社員がいるとします。彼の所得税は約780万円で、住民税は約260万円。厚生年金と健康保険が合わせて150万円で、雇用保険は10万円弱。計算すると、

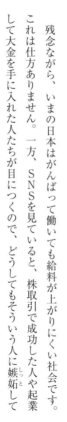

手取りは1800万円ほどになります。つまり、4割は国に持っていかれるんですね。普通の人よりも、金銭的には社会に貢献してくれているんです（これとは別に、株の配当金や銀行の利子の税率は20％と極端に低いので、それらで暮らしている真のお金持ちもいますが）。

それに、こういう人たちに対して、ムカつくから「節制すべき」と叩いても、普通の人には百害あって一利なしです。むしろ、**こういったお金持ちには、がんがんお金を使わせて、余計なものまで買ってもらうべきです。**こういう人たちに100円ショップで買った安いボールペンを、芯を変えながら一生使われるのは困るわけです。10万円以上する高級万年筆を買って、ときどき失くしたり壊したりしては、また別の高級万年筆を買う……とかしてくれないと、困るんです。

稼いでいる人に対しては、財布《さいふ》の紐《ひも》をゆるますために、おだてて接するのがいいと思います。嫉妬しても疲れるだけですから。

自分のタイプを知っておきましょう

本当はコツコツ業績を伸ばすほうが得意なのに、アイデアマンに憧れて、評価されない企画書をつくることに尽力してしまう。大雑把だけどキラリとしたアイデアを立てられる人が、資料のミスを減らすためにほかの人の何倍もの時間をかけて確認作業をしている。職場にそんな残念な人はいませんか?

そういう残念な行動をせずラクな生き方をするためには、自分がどんなタイプなのかを知っていることが大切です。自分のタイプがわかれば、向き・不向きもおのずとわかるので、苦手なジャンルに無駄な労力や時間を費《つい》やさず、得意分野を伸ばしていけます。

たとえば、仕事のタイプなら「①0から1を生み出す人」「②1を10にする人」「③10を維持しながら11、12……と成長させていく人」の3つに分けたりすることができるので、自分がどのタイプか自己分析してみましょう。現代社会では①のタイプが大きく持ち上げられがちですが、別にみんながみんな、このタイプを目指す必要はないんですよね。

僕は①タイプだと思われることも多いのですが、じつは2ちゃんねるもニコニコ動画も既存の掲示板や動画サービスを応用しただけです。0からつくり上げたわけではありません。**自分が天才タイプでないことに早くから気づいていたので、その分、どうすれば既存のサービスの魅力を引き出して、もっとおもしろく応用できるか考えるほうに時間が割《さ》けました。**

このように、自分のタイプを知っているほうが、違うタイプの他人と比べて変な劣等感を持たずにすみますよ。

最悪の事態を想定してみましょう

「仕事で失敗して、職場をクビになったら生活していけない」「飲み会を断って、友達に嫌われたらどうしよう」……こんなふうにあれこれ心配していると、生きていくのがしんどくなりますよね。

じつは、**実際に不幸な出来事が起こらなくとも、将来を予測して不安を感じるだけで、脳はかなりのストレスを感じてしまうんです。**

でも、アメリカのミシガン大学の研究チームの実地調査によると、心配事の80%は実際には起こらないそうなんです。**つまり、不安は取り越し苦労に終わることが多い。**しかも、残り20%のうち、16%はあらかじめ準備をしておけば対応

できるケースらしいので、心配事が本当に起きる確率はたった4％です。もしも、その心配事が現実になっても、意外と生きていけるものだと思うんですよね。

ためしに、あなたにとって「最悪の事態」を考えてみてください。

たとえば、家を失ってホームレスになることが、あなたの最悪の事態だとしましょう。泊めてくれそうな友だちはいるのか、どうすれば国の支援を受けられるか、日雇いの仕事にはどんなものがあるのかを調べてみれば、とりあえずホームレスになったからといって絶望して死ぬ必要はないことがわかります。

気力があるならば、お金を一切使わずに一週間くらい暮らしてみる実験をしてみるのもいいですね。自分の耐性が現実的につかめます。

最悪の事態になっても生きていける自信がつけば、もっと気楽で、ストレスなく生きていけますよね。

自分に期待するのはやめましょう

自分の能力は、こんなはずじゃなかったのに……。そう落ちこみがちな人は、自分への期待が高すぎるのではないでしょうか。「この能力ならば、もっと給料のいい仕事についているはずだったのに」「このスペックならば、早く結婚して、幸せな家庭を築いているはずだったのに」。

たしかに、まだ若く、努力次第で将来が大きく変わりそうな年齢なら、自分に期待することにも意味があります。がんばって勉強して、志望校のランクを上げるとか、自分がもっとも売り時だと思うときに婚活をがんばる、とかですね。

でも、年をとると、そういう努力で将来を変えることは難しくなります。なの

で、**最初から自分に期待をしすぎず、「まあ、自分の能力はこんなもんだ」くらいの気持ちで過ごしたほうがラクですよね。**

「自分の能力にたいして期待しない」という前提に立てば、いまからでも、もっといろいろな工夫や対策ができるはずです。

たとえば、クリエイティブなことを提案する能力が足りないと思っていたら、そういった能力がなくても、相手によろこんでもらえるような営業を心がけることができます。結婚市場で考えた際のスペックが足りていなければ、もっとターゲットを広げるとか、もしくは結婚はあきらめて、ペットと幸せに暮らす人生を選択してもいいはずです。

給料をたくさんもらったり、結婚したり子どもをもうけたからといって、幸せになれるわけじゃありません。自分にはそれが無理そうだなあと思ったら、そうじゃない方向で生きるように舵《かじ》を切ったほうがいいのではないでしょうか。

「自分はバカだ」と思っておきましょう

自分が賢いと思っている人は、自分だけの考えで物事をすすめがちです。でも、人間って自分で考えているほど理性的な存在ではないと思うんですよね。どちらかというと、外部刺激によって、自動的に感情や気分が反応してしまう、動物的な本能の影響が大きい。

なので、**自分の理性を過信したりせず「勝手に反応してしまうバカなものだ」と考えておいたほうが、うまくいかなかったときに自分に失望して自己肯定感を下げずにすみます。**

それに、自分はバカだと思っている人のほうが、自分以外の人の力を借りて、

うまく物事をすすめようとします。そうすると、無駄な努力をしなくなって、生きるうえでのコストパフォーマンスがよくなるんですよね。

自分の賢さに自信がある人は、なんでも自分一人の力だけでやろうとしてしまいます。他人の意見や力を借りようとしない。でも、自分のなかにあるセンスや経験だけでは、どんなに優れた人でも限界があるんです。

たとえば社内で企画を通したいとき。となりの席の先輩に質問すれば、上司がどんな説得方法に弱いのか教えてもらえるのに、そういう発想がないからひとりよがりなものをつくって上司にボツにされ、企画書の作成に費やした労力や時間を無駄にしてしまったりします。

自分のことをバカだと思っていれば、まず人に頼ることを考えるし、プライドが邪魔して頼れないということもありません。自分のことはバカだと割り切って、スムーズに他人の力を借りながら、ラクをしてみましょう。

国や社会のことを心配するのはやめましょう

いまはインターネットがあるので、世界中のニュースが簡単に手に入りますが、SNSを覗《のぞ》いてみると、国や社会のことに本気で怒っている人であふれています。たとえば「日本の借金が多すぎる」とか「女性議員の割合がほかの先進国に比べて低い」とかですね。

国の財政や世界情勢についての知識を集めるのはいいことです。でも、**個人がどんなに本気で憂《うれ》いたり憤《いきどお》ったりしても、国や社会レベルの状況を変えられることはまずありません。**とくに、日本社会全体について考えると、残念ながら、この先よくなることはまず考えにくいです。

それなのに、ツイッターなどのSNSを介して、影響を受けやすい人が心配や怒りといった負の感情を強めていってしまう。これだと結局、エネルギーを使う割には、疲れしか残らないんですよね。

国とか社会とか大きなものを心配するよりも、自分や自分の周囲の人たちの生活に直結するようなトピックを気にかけたほうが、よっぽど有益です。自分の収入はどうすれば増えていくのか、どういう趣味がコスパが高いのか、などです。社会全体がよくならなくとも、いまは便利なテクノロジーが増えているので、一人ひとりが楽しく生きられる環境は整ってきていますから。

たとえば、リモートワークできる職業なら通勤時間を気にして高い家賃を払いながら都内に住む必要もなくなるでしょうし、ネットショッピングもどんどん選択肢が増えているので、おしゃれな洋服や雑貨を安く手に入れる方法も簡単に見つかります。**あまり視野を広げすぎず、まずは自分の環境がいまよりもよくなる方法を見つけることを優先しましょう。**

うまくいかないことは明日に回しましょう

仕事や勉強をしているときに、なぜかうまくいかなかったり、どうしても調子が乗らなかったりすることは、だれしも経験があるでしょう。まじめな人ほど、「ここで休んではいけない。もっとがんばらねば」と思いがちです。

でも、**そういうときは、それ以上がんばらずに、さっさと寝てしまったほうがいいんです。**調子が乗らない状態で無理をしても、状況が改善する可能性は低いですから。カリフォルニア大学バークレー校の2018年発表の研究結果によれば、睡眠不足になると人が近寄ってくることを恐れ、孤立しやすくなるリスクが高まるそうです。これではチームワークもうまくいきませんね。

それに、**睡眠をとると目覚めたときに仕事で行き詰っていた課題の新しいアイデアを思いついたり、どうしても理解できなかった公式がすんなり頭に入ってきたりしますよね。**これは「レミニセンス（追憶）現象」とよばれているのですが、寝ている間に、脳が情報の整理を行ってくれた結果、起きていることなんです。

人間の脳が情報を整理整頓して記憶に定着させるには、睡眠が欠かせません。アメリカの精神医学者スティックゴールドが2000年に発表した研究結果によれば、新しい知識などを自分のものにするためには、それを覚えたその日のうちに6時間以上眠らなければならないそうです。

無理せずラクに成果を出すためにも、「その日できることは、その日のうちにやってしまおう」なんてこだわらず、ゆっくり眠って明日に備えましょう。

知らないことをとりあえず調べましょう

ラクに生きるためには、**「どんなことが起きても自分の人生はなんとかなる」**と思えることが肝心です。それには、八方ふさがりの状態に陥《おちい》らないように、いつでも逃げ道や次の手を用意しておくことが大切になってきます。

こういった逃げ道を用意できず、**すぐに「もう自分はダメだ」と思いこんでしまう人は、たいてい情報か知識が不足しているんです。**

仕事がつらくてもう職場に行きたくないと思ったときは、病院で診断書をもらって休職などして、休業手当をもらうという道もあります。失業したら、失業保険をもらえばいいんです。でも、存在は知っていてもどう手続きすればいいの

か知らない人や、実際に休職・失業してもこれらの制度を活用していない人が、あんがい多い。

それから、「ふるさと納税」やＮＩＳＡ《ニーサ》、ｉＤｅＣｏ《イデコ》など個人の資産形成に役立つ制度も、言葉は知っているけど具体的にどんなものかは知らないし、調べてもいない人はけっこういます。これらは仕事やお金についての不安を軽減してくれる制度なので、知らなければネットで調べたり、本を買ったりして勉強したほうがいいです。

本はコスパよく体系的な情報を得るツールとして優秀なんですが、インターネットがある現代は、少し労力をかけていいと思えば、いくらでも情報が無料で手に入る時代です。簡単に知識を得ることができるのですから、とりあえず検索バーに気になる単語を入力してみることから始めましょう。

情報を鵜呑《うの》みにするのはやめましょう

情報があふれる現代社会では、出どころのはっきりしないデマ情報（フェイクニュース）もたくさん存在しています。とくにＳＮＳの登場によって、情報の拡散スピードが飛躍的に上がり、デマも社会全体に影響を与えてしまうことすら起きています。

たとえば２０１６年のアメリカ大統領選挙では、反ヒラリー・クリントンのフェイクニュースが大量に流され、米国社会を混乱させました。しかも、これらのフェイクニュースを流したのは、トランプ支持者だけではなく、マケドニアの貧しい若者も含まれていたそうです。フェイクニュースでサイトへのアクセスを

稼いで、広告収入を得るのが目的でした。

流れてくるニュースの内容をろくに確認しないまま鵜呑みにして情報を共有してしまうと、デマを流すのに自分も加担してしまう恐れがあります。場合によっては、悪気はなかったのに、名誉棄損《きそん》で訴えられてしまう危険すらあるでしょう。

そうならないためには、情報と賢く付き合うようにするのが大切です。**流れてくる情報にただ飛びつくのではなく、ニュースの情報源はどこで、だれが発信しているのか、客観的な証拠はあるのかなど、ファクトチェックするようにしたほうがいい。**面倒でも長い日でみれば面倒な事態に巻き込まれませんし、メンタルを安定させて生きていくことができますよ。

苦労信仰から抜け出しましょう

「若いうちはやりたくない仕事でも我慢して苦労したほうがいい」「我が子はお腹を痛めて出産するべき」など、世の中には謎のルールが存在します。**日本人には苦労した分だけ「どこかで報われるだろう」という淡い期待があるように思えます。でも、それにはなんの根拠もないんですよね。**

人って、いまの自分にある程度満足していると、「これまでやってきた努力や苦労のおかげで、自分はうまくいったのだ」というサクセスストーリーに寄りかかりたくなっちゃうものなんだと思います。

たとえば、ある地区の営業マンの成績がいいと、「飛び込み営業が結果を出し

た」とか「毎日アポの電話を30件することが成果につながった」とか、わかりやすいストーリーとして語られたりします。でも本当は、本人の苦労や努力と関係なく、単純に上司から割り当てられた地区のお客さんがお金に余裕がある人ばかりだった、というだけで成功したかもしれませんよね。

もちろん、本当にその人の血のにじむような努力が実を結んだケースもあると思うのですが、**じゃあ自分も同じくらいの努力をすれば同じくらいの成果が出せるかというと、そんなことはないわけです。**

むしろ逆に、苦労してもそれが原因で卑屈《ひくつ》になってしまう人もいると思います。最悪なのは、「自分たちがしてきた苦労は同じように経験するべき」と思って、他人にまで自分のした苦労を押しつけてしまうことです。そんなことになるならば、ショートカットできる道を探したほうがいいですよね。せっかくテクノロジーが進化しているのだから、しなくていい苦労はどんどん断捨離《だんしゃり》していきましょう。

成功者のマネをするのをやめましょう

本屋さんに行くと、創業したばかりの会社をどんどん大きくしている社長の本とか、短時間ですごいフォロワーを獲得して月収４ケタ万円になったような人の本が所狭《ところせま》しと並んでいますよね。本だけじゃなくて、ネット上にもそういうすごい人たちの話がたくさんあります。

そういう本や情報をエンターテイメントの一環として楽しむのは別にいいと思うのですが、**そういう〝成功者〟の発言を真《ま》に受けて、「自分はまだまだだ、もっとがんばらなきゃ」と考えるのは、どうなのかなと思います。**

まず大前提として、この本に興味を持ってここまで読んでいる人は、そういう

社会的な成功者とは根本的に異なる「凡人」である可能性が非常に高いです。社会で注目されるような人って、「俺が社会を変える」くらいのすごく高い志《こころざし》を持っていたりして、そのためだったらプライベートも犠牲にできるような人たちなんですよ。その時点ですでに普通の人（凡人）ではないってことです。**凡人がそういう人たちのマネをしても、うまくいく可能性は低い。だから、安易にマネしないほうがいいんです。**

凡人は「社会を変えよう」とか「人生でなにかを成し遂げよう」みたいなことを考える必要はありません。そういうことは、それができる人たちに任せて、「毎日なにごともなく、ごくふつうに楽しく飯が食える」というのを目指せばそれでＯＫだと思いますよ。それがたぶん幸せってやつです。

ウソも方便だと割り切りましょう

きまじめな人が自分の首をしめる理由の1つに、「ウソがつけない」ことがあげられます。**どんなときでもウソをつくのはいけないことだと思いこんでいるので、なんでも正直に話しすぎてしまう。その結果、生きるのがしんどくなってしまうんです。**

参加した飲み会がつまらなくても、「つまらないから帰ります」「あなたの話が退屈なので帰ります」とはいわないですよね。「ちょっと明日、朝から出張で」とか「家族がちょっと具合が悪いみたいで」とか、適当なウソをこしらえて帰ったほうが、いさかいが起こりません。

たしかに、他人に危害を加えたり、極端に傷つけるようなウソはいけません。でも、たとえば、すっかり約束を忘れていて恋人とのデートに20分遅れたのに、「デートの約束忘れてた」といったら、恋人をよけいに悲しませてしまいますよね。「トイレが我慢できなくて、途中の駅で一回降りてしまった」とか「仕事の電話がかかってきて出るのが遅れちゃった」とか、恋人が納得できそうなウソをついたほうが、その後のデートも楽しめると思います。

仕事においても、有休をなかなかとらせてくれないような職場で、「具合が悪いから今日は休みます」と休暇をとるなど、**一般的に考えても自分が行使して当然の権利を実行するためについたりするウソも、悪いのはどう考えても職場ですから、ついていいと思います。**

それに、よっぽど大きく深刻なウソだと、バレたとき禍根《かこん》を残すかもしれませんが、だいたいはきちんと説明すれば相手も許してくれる可能性が高いです。ときにはウソも方便だと割り切って、気楽に生きるようにしましょう。

行きたくないところに行くのはやめましょう

「誘いを断るのは悪いことだ」「せっかく誘ってくれたのに申し訳ない」「もう誘ってもらえなくなるかもしれない」という思いこみがありませんか？

内心では行きたくないと思っているのに、たいして仲良くもない人の誕生日会に行って、ニコニコしながら付き合う。それがちゃんとした大人のルール……みたいに考えている人も多いんじゃないでしょうか。

日本は海に囲まれた島国だから、飛行機みたいな交通機関がない時代は、すでに住んでいる人は簡単に外の世界に逃げられなかったですよね。一方で、外からも新しい人がなかなか入ってこなかった。だから、いまいる集団でうまくやって

いくことが重要視される文化・価値観になっちゃったのかなぁと思います。

　でも、いまはちょっと行動すれば、いくらでも新しい場所に行けるし、興味のある共同体に移ることができる時代です。会社を変えたっていいし、付き合う友達を変えたっていいし、なんなら国を飛びこえて海外に行ったっていい。

　いまいる集団で絶対にうまくやらなければいけないわけではないのですから、**誘われたからといって、わざわざ行きたくない会合に参加する必要もないし、会いたくもない人と会う必要もないのではないでしょうか。**


　とはいえ、最初から「なんとなくいやな予感がする」だけで判断するのもよくありません。というのも、付き合ってみたら意外と気が合う人と出会うチャンスを逃してしまうからです。なので、**知らない人から誘われたら、とりあえず一回参加してみて、自分が実際どのくらいいやに感じるか確認してみるのがいいですね。**それを参考に、次回参加するかどうかを決めればいい。

　人生で与えられている時間は有限ですから、行きたくない場所に行って無駄にストレスを抱えないほうが、ラクに生きることができますよ。

SNSを見ないようにしましょう

インターネットの普及、とくにツイッターやインスタグラムなどのSNSによって、僕たちはほかの人がどんな生活を送っているのかを、リアルタイムで知ることができるようになりました。

でも、それによって苦しくなってしまう人も多いようです。仕事で昇給したから広い家に引っ越した、誕生日におしゃれなお店でサプライズパーティーを開いてもらった、彼氏からウン百万円もする指輪をもらった……。次々と更新される他人の「リア充投稿」と、散らかった狭いワンルームでコンビニ総菜《そうざい》をひとりぼっちで食べている自分を比べれば、だれでも落ちこんでしまいますよね。

こんなふうに、**楽しそうな日常を送っている他人の姿を見て、「うらやましいな」程度で気持ちを止められず、負の感情に沈みこんでしまうタイプの人は、SNSに向いていないので、少し距離をおいたほうがいいでしょう。**たぶんSNSをすべてやめてみても、日常生活でどうしても困るようなことにはなりませんよ。

それに、あなたがうらやましがっている「リア充投稿」は、結局いい部分の切り取りにすぎません。**キラキラして見えるインフルエンサーも、SNSに投稿しないようなときは、ひとりぼっちでカップラーメンをすすっていると思いますよ。**

信頼できる発信者や情報サイトをフォローして、有益な情報を集めるツールとしてSNSを使う分にはいいと思います。でも、自分の感情をコントロールできない人にとってはデメリットのほうがはるかに大きいので、思い切ってSNSをやめちゃったほうがいいでしょう。

妥協《だきょう》しちゃいましょう

日本社会は完璧主義で潔癖《けっぺき》なところがあるので、「妥協する」ということに、抵抗感やネガティブな印象を持つ人がけっこういます。でも、僕は妥協って大切だと思うんですよね。

妥協を認められない人は、自分の意見を曲げられなかったり、相手を言い負かそうとしたりします。でも、別に弁論大会に出てるわけでも、学会で議論しているわけでもないので、勝敗を決めたり真実を追求したりしてもしょうがないです。

僕はこれまでいろいろな人を公共の場で論破してきたので「論破王」なんてよ

ばれることもありますけど、**論破するというのは諸刃《もろは》の剣《つるぎ》です。なんでもかんでも論破すりゃいいってもんじゃありません。**

たとえば、夫婦ゲンカで相手を論破しても、ずっと根に持たれたりして、いいことなんてまったくない。仕事においても、上司の意見に妥協せずに言い負かした結果、仕事を干されてしまったら本末転倒です。

実際、交渉事でも、どちらか片方の言い分が全面的に認められることはありません。だいたい中間のどこかで折り合いをつける形にまとまる場合がほとんどです。そのほうが、自分を含めた関係者みんなが気分よく受け入れられますから。

完璧にこだわって、自分を苦しめるよりも、妥協してそこそこハッピーな気持ちでいられるほうが絶対トクです。

人生もそれと同じで、自分の理想を追求しすぎると、ちょっとした失敗が許せなくて自暴自棄になったり、理想の自分とのギャップに疲れたりしてしまいます。どこかで折り合いをつける、つまり自分の理想の人生に対して、妥協を認めてしまうことが大事です。

「待つ」ことに慣れましょう

使い慣れた道具やサービスの仕様《しよう》が変わると、「前のほうが使いやすかった」とイライラする人がいます。

でも、**人間って、時間が経つとどんなことでも慣れてしまうものなんです。**ガラケーを使っていた人は、スマホのフリック入力を初めてやったときなんかは、「やりにくい！」「面倒くさい！」とぐちっていたはずです。でも、1か月くらいでふつうに使いこなしていますよね。最近だと、原稿を書くのもパソコンではなくスマホのフリック入力でやる人もいるようです。慣れてしまえば、そのくらいできてしまうんですね。

慣れといえば、僕は昔、箸袋《はしぶくろ》にひたすら割り箸を詰めるバイトをしていたことがありました。最初は慣れずにもたついていて、箸を入れるのに時間がかかっていたのですが、慣れてくると、それが素早くスムーズにできるようになりました。しかも、慣れてしまうと、そういう単純作業も、だんだん楽しくなってくる。集中してさばいていると、いつの間にか時間が経っていて達成感も得られるなんて経験もしました。

人間って、環境に適合してきた生き物ですよね。だから慣れないことにイライラしちゃうのは、ヒトという生き物の可能性の否定でもあると思うわけです。変化に過敏に反応していると疲れてしまいますから、そういうときは、「そのうち慣れるだろうな」と考え、それを待つのを心がけましょう。

目的を先に決めましょう

仕事や新しい趣味に取り組むとき、まず先に「目的」を決めてしまうのがいちばんです。**目的がないまま始めてしまうと、効率が悪く、無駄なことばかりしてしまい、結局疲れてしまうんですね。**

たとえば、お金の勉強をしようと思った人が、とりあえず貨幣の歴史から調べたらどうでしょうか。貨幣史を知って、知的好奇心は満たされるかもしれませんが、お金を貯めたり、人生設計を練ったりするのにはまったく役立ちません。

これは極端な例ですが、問題は、お金の勉強をして、なにがしたいかという目的をきちんと決めていなかったということです。

たとえば、「ファイナンシャル・プランナーの資格（FP技能士）を取る」という目標を決めたとしましょう。そうしたら、僕だったら参考書を買う前に、模擬試験の問題集を見てみます。目的は参考書を読むことではなく、試験に受かることですから、実際にどういう問題が過去に出題されたのかをまずは把握したほうがいいですよね。そして解いてみて、自分がどこをわかっていて、どこをわかっていないのか分析したほうがいいです。それから、正答率を上げるために苦手分野を参考書で学習したほうが、手っ取り早く資格が取れるでしょう。

料理について勉強したいと思ったら、レシピ本の1ページ目から読むことはしないですよね。自分のつくりたいもののページを読んでつくり出すと思います。それと同じ考えです。

人生のほかのことにおいても、まず「目的」をはっきり決める癖をつけてしまいましょう。そうすると、やるべきこととやらなくていいことが見えてくるので、余計な苦労をしなくてすみますよ。

料理しましょう

ラクに生きていくうえで役に立つ趣味やスキルとして、僕が推《お》したいのは「料理」です。**自炊にはとにかくメリットしかないんです。**

まず、お金の節約になります。僕はほとんど外食をしません。自分でつくるほうが楽しいし、レシピ通りにつくればだいたいおいしいものができますからね。わざわざ高いお金を出してまで、おいしいかどうかもわからないお店でご飯を食べる必要がなくなっていくんです。

それに、料理はつくればつくるだけ経験値がたまりますから、自分好みの味のものがつくれるようになります。そういう成長を手軽に楽しめるのも、料理のお

もしろさです。

次に、料理を趣味にすると、飽きることがありません。生きている限り、毎日なにか食べる必要があるので、いくらでも試行錯誤《しこうさくご》できます。和食、洋食、エスニックとさまざまなジャンルがあるし、創作のしがいもあります。

それに、**料理は脳のトレーニングにも最適じゃないかなと個人的には思っています。**脳トレには前頭葉《ぜんとうよう》という部分を鍛えるのが有効なのですが、それには料理がぴったりなんですよね。どんな材料を選ぶか、どうやって調理していくか、火加減はどれくらいがいいのか……、料理ってそうやって状況の判断と選択を繰り返すので、バランスよく前頭葉を鍛えることができる気がします。

脳の調子がいいと、日常的なパフォーマンスも上がりますから、生きるのがよりラクになること間違いなしです。

「あとで取り返しがつくか」を考えましょう

社内では落ち着いて仕事ができるのに、商談やプレゼンの席となると実力が出せないという経験はありませんか？

これは、過度の緊張が原因かもしれません。実力を発揮するには、ある程度の緊張も必要でしょうが、緊張しすぎると焦りや力みでガチガチになってしまい、普段以下のパフォーマンスしか出せなくなってしまいます。

こんなふうに緊張しすぎるのは、なんでも「失敗したら取り返しがつかない」と思いこんでしまっているからではないでしょうか。

たとえば、取引先へのプレゼンで、相手がふってきた仕事と関係のない話に

乗ってしまい、無駄な時間を費《つい》やしてしまったとしましょう。会社に帰ってから、「あぁ、詰めるべきことを詰められなかったなぁ」と後悔するかもしれませんが、メールで「今日は関係のないことまで話してしまってすみませんでした」と謝りを入れたあとに、近々に話をする機会をもらえないかと頼むことで挽回《ばんかい》できるかもしれません。

恋愛においても、これは当てはまりますよね。初回のデートで気合いを入れて高級フランス料理を食べに行ってドン引きされてしまったら、２回目のデートで庶民的な居酒屋に行く誘いをしてみるとかです。

仕事でもプライベートでも、本当に取り返しがつかないことなんてめったにありません。これはあとで挽回できるものなのかどうか。それを考えてから行動するだけで、気負いすぎず、冷静になれるはずです。ただし、死んじゃうとこれはもう取り返しがつかないので、生き死にに直結することは慎重になったほうがいいと思います。

知ったかぶりはやめましょう

自分の無知をさらすのは、恥ずかしいもんですよね。ついつい知ったかぶりをしてしまった経験を持つ人も多いのではないでしょうか。プライベートなことならまだしも、仕事のことでわからないまま会話を進めてしまい、とんでもない条件で商談・取引してしまったら、目も当てられません。

これは「こんなことも知らないなんて、バカにされるんじゃないか」という不安な気持ちがあるからなんですね。でも、**人は他人にそれほど興味がありません。**その人がなにを知らなかったかなんて、意外とすぐに忘れちゃうもの。「聞くは一時の恥」といいますが、それもその場の一瞬だけで、そもそもバカにされると

不安になる必要はないのです。

知らないことは「知りませんでした」といいましょう。素直に教えてもらうほうが効率がいいし、面倒くさいことにならないから結果としてラクです。

自分より知識を持っていそうな人に対しては、年齢や業務歴など関係なく、「検索ツール」として利用しようというくらいの気持ちでいきましょう。普段、インターネットの検索バーや本で調べものをするのと同じような感じですね。

それに、**だれかになにか教えるのって気持ちがいいと思う人は意外に多いのです。**素直に聞いたほうが、相手のあなたに対する好感度も上がりますよ。

い方を
ましょう

第2章

お金の使
変えてみ

あなたが金持ちの場合、
金持ちのままでいられないのは愚かな証拠だ。
あなたが貧しい場合、
金持ちになるにはよほど頭がよくなければならない。

ジョン・グリーン『4分で語るギリシャの経済危機』2010年

貯金をしておきましょう

最近、お金がたいしてない人にまで投資をすすめる声が、メディアとかSNSを通して聞こえてきます。でも、僕からいわせてもらえれば、資産運用は1000万円以上お金を貯めてからでないと、リスクばかりでリターンがないと思うんです。古い考えに聞こえるでしょうが、投資よりも貯金をすすめます。

ちなみに、**僕が貯金をすすめる理由の1つに「考える力を落とさないため」というのもあるんですね。**アメリカの経済学教授と心理学教授が、経済的に恵まれていないと、思考力が落ちてしまうという実験結果を発表しています（『いつも「時間がない」あなたに　欠乏の行動経済学』（センディル・ムッライナタン、エ

ルダー・シャフィール／早川書房）。

インドの農業地帯で、収穫前でお金が足りない状況の農民と、収穫後でお金に余裕がある状況の農民に対して知能検査を行いました。すると、正解率は、収穫後のほうが約25％も高かったそうです。この違いは、IQに置き換えると9〜10ポイント相当にもなる。お金の欠乏《けつぼう》が知能に与える影響はどうやら大きいようなんですね。

ただ、こんな実験を出さなくても、お金がない人ほど、パチンコや競馬などのギャンブルで一発逆転を狙ったりしますよね。さらに、「ぜったい儲《もう》かります！」という明らかにウソな儲け話やマルチ商法にひっかかるのも、だいたいお金がない人たちです。つまり、**お金がないと、カモにされやすいんですね。**

ある程度の貯金があると気持ちに余裕も生まれますし、ずる賢い人に騙《だま》されることも少なくなるはずなので、投資とかで増やすことを考えるよりも、まずは手堅く貯金しましょうね。

お金を稼ぎすぎないようにしましょう

みんな、働くのは生活するお金を得るためですよね。だれだって低収入よりも、高収入のほうがいいに決まっています。しかし、**お金を稼ぐことに心血《しんけつ》を注いでも、幸せになれるかどうかは、ちょっと別の話なんです。**

ノーベル経済学賞を受賞した心理学者が、おもしろい研究結果を発表しています。世論調査企業ギャラップ（Gallup）が2008〜2009年に実施したアメリカ国民45万人分の「健康と福祉に関する調査」を分析して、「人生の評価」と「主観的な幸福感」について調べてみました。すると、「人生の評価」は年収と比例する一方で、「主観的な幸福感」は年収7万5000ドル（発表当時

レート換算で約６３０万円）までは収入に比例して増えるのに対し、その額をこえてからは、関係なくなったそうです。

つまり、年収と幸せが比例しなくなるんです。**僕は、いまの日本に当てはめると、手取り年収４００万〜４５０万円くらいが幸福と収入が比例しなくなる分岐点なんじゃないかと考えています。**そのぐらいになると、それ以上がんばって働いても、それに見合うような収入アップにつながらないし、幸福度も変わらなくなるんじゃないでしょうか。

それに昔と違って「お金があるからこそできること」は意外と少ないんです。せいぜい値段の高いものを食べるとかでしょうか。でも、ファミレスのサイゼリヤの10倍のお金を払って食べる料理が、サイゼリヤの10倍おいしいなんてことは、滅多《めった》にないはずです。

ある程度稼げるようになったら、体に鞭《むち》を打ってしゃかりきに働くよりも、無理にお金を求めないほうが、余裕を持って生きられると思います。

衝動買いをやめましょう

いまの世の中、スマートフォンを見ていれば、広告がどんどん目に入ってきます。一歩街に出ても、あるのは広告ばかりです。こんな社会で暮らしていたら、ついつい衝動買いしてしまうのも無理ありません。

2014年にKDDIが20代から40代の男女500人を対象に行った、普段のちょっとした衝動買いについての意識・実態調査があります。それによれば、1か月平均で1万3641円、**1年で16万円以上を、コンビニやネットショッピングでのプチ衝動買いに費やしているようなんです。**でも、みなさんも経験があるように、こういう衝動買いで買ったものはだいたいあとになっていらなくなった

り、買ったことを後悔したりします。

このような衝動買いをやめるためにおすすめなのは、**欲しいと思ってから一か月、その商品を徹底的に調べる時間を設けることです。**

たとえば、あるブランドの新作のジャケットがほしいとします。まず、その新作が旧来のものとなにが違うのか、ネットで徹底的に調べます。次に、店舗を訪れて、手で触って確かめます。試着もして、自分に似合うかどうかも調べます。そのあとは、そのライバルブランドの新作のジャケットを見に行きましょう。そうして、いくつか品物を調べると、それぞれの品質の違いや価格の違い、またジャケットの流行まで見えてきます。そして、1か月が経ち、それでも「やっぱりあそこの新作ジャケットが欲しい」となれば、そこで買えばいいのです。

僕の経験だと、調べているうちに熱が冷めたり、商品知識がついたことで満足したりして、結局買わなくなることがほとんどです。無駄遣いをやめるいい方法なので、ぜひ試してみてください。

自分の「維持費」を引き下げましょう

自分でお金を稼ぐようになると、「もっと高いスーツを買ってみよう」とか「いま乗っている車を新型のものに変えよう」とする人がけっこういます。

昔からこれをすごく不思議に思っているのですが、**なぜ、入ってくるお金が増えたからといって、出て行くお金まで増やしちゃうのでしょうか？**

僕はたぶん、いまこの本を読んでくれている読者の方よりも、お金を稼いでいると思います。でも、貧乏な学生時代と、そんなに生活は変わっていません。

たとえば、洋服は学生時代から友達が着なくなったのをもらって着ていました。いまも当時から持っている服に、バーゲンで投げ売りされているものを少し

だけ買い足す、みたいな感じです。外食や買い食いもほとんどしません。飲みものも、水筒《すいとう》にお茶を入れて持っていったりするので、自動販売機で水とか買っている人を見ると、「すごいなぁ……」と感心してしまうんですね。

でも、そんな生活をしていて、「不幸だな」と思ったことはないです。いまは格安の月額料金でいろいろな映画やドラマを楽しめるネットフリックスとかがあるので、エンタメにもお金を使わなくなりました。

大事なのは、自分の維持費、要は生活水準を上げないことだと思います。というのも、お金を稼げるようになって、生活水準を上げてしまった友人がいるのですが、その人はその後、稼げなくなっても、一度上げた生活水準を下げることができなかったんです。最終的に生活保護を受けるまでになりました。

自分が幸せを感じられる生活水準がどれくらいか。お金がなくても楽しんでいた学生時代を思い出してみて、見直してみてはいかがでしょうか。

おいしいものを食べすぎないようにしましょう

よく、「おいしいものを食べに行くのが趣味」という人がいますよね。まわりから「あの人はグルメだ」といわれる人もいます。でも、こういう話を聞くたびに、「けっこう生きづらいだろうなぁ」と思ってしまいます。

普段からおいしいものを食べていると、舌がそれに慣れてしまいます。すると、コンビニや普通のお弁当屋さんで買えるおにぎり・お弁当を食べても、「なんか、あまりおいしくないね……」と感じてしまうのではないでしょうか。

安いものを「うまい！　うまい！」と食べている人のほうが、幸せを手軽に得られています。

舌が肥《こ》えてしまうと、食事に対する感動が小さいもので終わってしまう機会が多くなります。グルメになればなるほど、食事でよろこびを得るには、大切な時間とお金をかけなくてはなりません。それって、とても不幸なことですよね。お風呂上がりに、そこらへんで150円で買えるアイスを食べて幸せを感じられる人のほうが断然コスパがいいです。

それに、**万人がおいしいと思うものは、人類の歴史を通して、普及しているはずなんです。**「ジビエがうまい！」という人がいますが、肉でおいしいのは間違いなく世界中で食べられている鶏肉《とり》、牛肉、豚肉でしょう。もしほかの肉のほうがおいしければ、そちらの家畜化のほうが広まったはずです。

なので、幸せになりたいならば、普段の食事はそこまでこだわらず、「月末のディナーだけは贅沢《ぜいたく》をする」としてしまうほうがいいと思います。

お金をだれかにあげてみましょう

人は、お金を得られると幸せになったと感じます。しかし、近年、**他人のためにお金を使うと、より幸せを感じられるということが、実験結果からわかってきました。**

他人にお金を寄付することと幸福感の相関関係を調べたところ、１３６か国中、１２０か国で正の相関があったそうです。しかも、これは裕福な国だけでなく、貧しい国においても同様でした。

さらに、２歳未満の赤ちゃんに、お菓子を自分で食べるか、もしくは目の前の人形にあげるかで、どちらのほうがよろこぶかを調べた実験があります。これで

も、人形にあげたときのほうがよろこんでいたという結果が出ています。

つまり、**人種、経済的状況、年齢にかかわらず、人類は、他人にお金や資源を与えると幸せを感じるものだ、ということですよね。**どうやら、援助することで、社会的なつながりを得られる（関係性）とか、自分の自発的な行為によってなにかしらの効果が生じたと感じられる（自律性や有能感）とかが関係しているようなのですが、とてもおもしろい実験だと思っています。そう考えると、「お金配りおじさん」で有名な前澤友作さん（元ＺＯＺＯ社長）なんかは、毎日幸せを感じているのだと思います。

もし、久しぶりに着たコートに千円札が1枚入っていたら、募金してみる。そしたら、ランチを少し豪華にするよりも、幸せを得られるかもしれませんね。

リボ払いとムダな保険はやめましょう

この世の中には、頭があまりよくない人から、お金を巻き上げて儲《もう》けるサービスがたくさんあります。お金が余って散財したい人以外は、そういったサービスには、近づかないほうが賢明ですね。

たとえば、クレジットカードのリボ払い。「毎月の支払額が抑えられる」と宣伝されますが、利息で年率15%も取られます。これ、消費者金融の利息と同水準です。**一般的な教養を持った人は、消費者金融なんてアホらしいサービスを利用しません。**一生かかわらずにスルーするのに限ります。

ほかには、民間の医療保険や生命保険も、その多くが、頭のよくない人のおか

げで成り立っているサービスといえます。保険料は、その全額がいざというときに支払われる保険金に使われるわけではありません。一等地にある保険会社のビルの賃貸料、高所得な保険会社の正社員の人件費、街中にある保険紹介所への外注費、莫大《ばくだい》な広告費が、価格に上乗せされています。多くの人は、払った金額以上の金銭を受け取れることが期待できない、損するサービスなんですよね。

こういうと「いざというとき不安で……」という人がいます。でも、健康保険に入っていれば、大病や大ケガをしても「高額療養費制度」が使えます。これだと年収370万円以下であれば、1か月の自己負担限度額は5万7600円。年収500万円くらいの人でも10万円以下となり、残りは国が負担してくれます。国民年金や厚生年金に入っていれば、自分が死んでも、残された家族に遺族年金が入ります。**日本の公的制度は、民間の保険制度より、断然おトクなんですね。**

毎月1万~2万円を保険に使うくらいなら、その分貯金しておきましょう。

消費ではなく生産によろこびを見出しましょう

お給料が入った月末に、仕事のストレスを発散するためにショッピングや外食をしてしまう人がいます。程度をこえると、お給料が入っていないのに、クレジットカードで借金しながらネットショッピングをしまくってしまう人もいるみたいです。

でも、こんな生活をするとどうなるでしょうか。仕事においても、「今月はこれだけ稼がなきゃいけない」とプレッシャーを感じ、したくもない残業をしたり、体調が悪いのに休めなくなったりするハメになるかもしれません。つまり、**お金を使うことでストレスを発散しようとすると、そのストレスの原因である仕事に**

ますます時間を割《さ》かなければいけなくなる……、そんな無限ループに陥《おちい》ってしまう可能性があるんです。

そこでお金を使うことで楽しくなる・ストレス発散できるという価値観そのものを少し変えていくのはどうでしょうか。おすすめなのは、**買い物などの消費活動ではなく、生産活動によろこびや癒《いや》しを得られるように生きていくことです。**

たとえば、絵や刺繍《ししゅう》を始めてみる。こういった生産的なことは、時間や労力がかかりますが、大してお金をかけなくても楽しめます。しかも、作品ができたときには、消費活動では味わえない、なんともいえない達成感を得られます。いまの時代なら、つくったものをフリマサイトで販売して、小金を稼ぐことだってできるかもしれません。

毎週末、それらの活動に没頭することで、日ごろ感じているストレスを解消する。そうすれば、リフレッシュして週明けの仕事にも取り組めますね。もしいま、消費活動によろこびを感じているのでしたら、ぜひ生産活動を始めてみてください。

都心に住むのをやめてみましょう

東京に住んでいる小金持ちの人は、なぜか家賃の高い港区や渋谷区に住んでいたりします。でも、30平米以上の1LDKの間取りの部屋を賃貸サイトで探してみると、港区の最安の賃料は9・8万円もします。一方、埼玉県に近い、僕の出身地の北区は6・9万円。同じ東京なのに、ひと月に3万円も開きがあります。

家賃は、すぐに変えることができない固定費です。なので、給料が月5000円上がったとか、いまより10分会社に早く着けるとかの理由だけで都心に住むのはお金の無駄遣いじゃないか、と思います。

ちなみに、ミュージシャンなどの夢を追う人のなかには、これまで東京で活動することを成功の近道としてきた人は多いと思います。なぜならば、ライブ、イベント、舞台は東京でしか興《おこ》せないものだったからです。

しかし、新型コロナウイルス感染症が流行して、そういったものが軒並み中止になりました。いまはインターネットを使ってオンラインで開催される世の中です。つまり、そういった人が上京するメリットも、ほとんどなくなってしまいました。

ということで、**家賃の高い都心や東京ではなく、家賃が安く、インフラもそこそこ整っているところで暮らすのがおすすめです。**

ただし、かといって安易な気持ちや幻想を抱えて田舎に移住するのもやめたほうがいいでしょう。インフラ整備が整っていない山に住むのはお金持ちの道楽にすぎません。インフラが整ったところでも、新参者は近くにあるゴミ置場を使わせてもらえないといった、いじめみたいなことにあう場合もあるみたいです。

ほどほど家賃が安くて便利なところに落ち着きたいものですね。

迷ったら いちばん安いものを 選びましょう

就職先とか移住先とか、人生の岐路《きろ》といえるものは、とことん情報を集めてから慎重に選ぶのがいいですよね。

しかし、人生には悩まなくてもいいものがたくさんあります。**僕は、ラクして生きていくために、「迷う必要がないところでは迷わない」と決めています。**たとえば歯磨き粉。僕は歯磨き粉を選ぶのに、労力や時間を使いたくありません。歯が磨ければ、僕にとってはそれで十分なんです。

では、迷わないためにどうしているのか。**単純に並んでいるもののなかから、いちばん安いものを買うことにしています。**

たとえば洗剤を買ったとしましょう。洗剤ですから、衣類を洗う機能はどんなに安くてもついているはずです。それでも、「なんか汗ジミが落ちにくいな……」と不満を抱き、それが我慢できなければ、今度はその次に安いものを買っていきます。こうすることで、洗剤の商品棚の前で、パッケージを見ながら何分も悩み続けるという無駄な行動をすることを回避しているんですね。商品に書かれているうたい文句を気にしていると、いつまで経っても選べません。

もちろん、その商品の知識を蓄えることをエンターテイメントとして楽しんでいるなら、いい暇つぶしになるでしょう。でも、「無駄に悩むことでストレスを抱えたくない」、そう考えているなら、たいしたこだわりがないものは、安いものから買っていくというルールで生きていくことをおすすめします。

おトクなことを探しましょう

自宅を掃除していたら棚のすみから千円札が出てきて「ラッキー！」と思った経験はありませんか？　働いて同じ額を得るよりも、よろこびもひとしおだったりします。

このように、**たいした努力をしなくても手にできるおトクが、いまの世の中にはたくさんあります。**

たとえば、スマホ決済アプリ。支払った額の20％が戻ってくるといったキャンペーンをときどきやっています。現金で払うよりも、おトクですね。ほかには、メーカーのキャンペーン係の人が街中でやっている、エナジードリンクの新商品

の無料配布。とりあえずもらっておけば、その日の缶ジュース代の130円を節約することができます。こういうことを無視するよりも、ラッキーだと感じられたほうが、人生が楽しくなります。

ただし、**おトクに見えて、じつはぜんぜんおトクじゃないものが紛《まぎ》れていることには注意しましょう。**

たとえば、インターネット上のアンケートに答えると商品が100円割引になる、といったキャンペーン。「ラッキー！」と思ってクリックしていくと、アンケートの量が膨大で、答えるのに20分以上かかった、なんてことがあります。これならば、ふつうに働いたほうがおトクです。

ほかの例でいうと、街中でタダでできるハズレなしのくじ引き。「おめでとうございます！」といわれてよろこんだら、そのあとインターネットの光回線の加入キャンペーンの説明をされて時間を取られた、なんて残念なこともあります。

ネット上にも街にも、こういうちょっとした危険があふれているので、そういうのをスルーしながら、おトクなことを探してみてください。

を

ましょう

第3章

人間関係
変えてみ

誰にも何も期待しなければ、落胆することはない。

シルヴィア・プラス『ベル・ジャー』1963年

他人を変えようとするのはやめましょう

価値観の合わない上司や同僚、知人と接するたびに、「なんであの人ああなんだろう」とため息をついてストレスを抱えている人、よくいますよね。

こういう人間関係で疲れちゃう人って、だいたい他人に期待をしすぎなんです。相手に自分の思い通りになってほしい、つまり、「相手を変えたい、相手に変わってほしい」という気持ちに振り回されすぎちゃっている。

でも、**はっきりいってしまうと、自分以外の他人を変えるのは無理なんです。**

みんな、ぜんぜん違う環境で生まれ育ってきて、まったく違う価値観を持っています。その価値観に正解も不正解もないのに、「自分の都合に合わせて行動しろ」

なんて、ちょっと自分勝手ですよね。

かかわって疲れちゃう相手とは、うまく距離を置くしかないんです。

この「うまく距離を置く」というのは、相手の苦手な面や嫌なところを単に我慢することでもなく、あきらめて無気力になってしまうことでもありません。朝に「おはようございます」と挨拶《あいさつ》するだけのご近所の方や、お金を払う際に笑顔を交わすだけの行きつけのお店の店員さんとかいますよね。その人のファーストネームやどんな趣味を持っているかを知らなくても、少しのコミュニケーションで、人付き合いは成立します。

それと同様で、**疲れちゃう相手とは積極的にかかわらずに、波風立てずに表面上のお付き合いをすればいいのです。**そういう人に限って、無視したりすると逆恨みされて、もっとめんどくさいことになりますからね。めんどくさい人とは極力かかわらず、まずは自分が楽しく気分よく毎日を過ごせるようにしていきましょう。

筋トレしておきましょう

意外かもしれませんが、人間関係でラクをしたいならば、筋トレも有効です。筋肉を鍛えて、動物として強くなるんです。だれかと対峙《たいじ》したとき、「この人強そうだな」と意識してしまうことありますよね。**人間も動物なので、「相手に腕力で勝てるかどうか」をつい意識してしまうんです。**

たとえば、あなたが不良品を買わされて、怒り心頭でメーカーのクレーム窓口に向かったとき。クレーム担当者がイギリス人俳優ジェイソン・ステイサムのようなムキムキだったら、クレームのつけ方も変わってしまうんじゃないでしょうか。どんなに腹を立てていても、ジェイソン・ステイサムに怒りの感情をぶつけ

るのは、なかなかに勇気が必要なはずです。

体を鍛えて強そうに見えるほうが、相手に一目置かれて、ナメられることもなくなります。結果として物事を有利に進めやすくなる。自分としても「この相手になら腕力で勝てるな」と思えたほうが、余裕のある態度で臨《のぞ》めるので、冷静な判断のもと、堂々と接することができます。

それに、**運動って脳にもいいんですよ。**筋肉を動かすと、たんぱく質がつくり出されるのですが、それが血流に乗って脳にたどりつく。そうすると、そのたんぱく質が、脳の考える力を助けてくれるんですね。人間関係を築くうえでも、脳みそがよく働いてくれるに越したことはありません。

このように筋トレはやって損する要素がまったくないので、どんどん生活に取り入れるほうが人間関係でも人生でもトクできますよ。

あえて弱みをさらけ出しましょう

「最近太ってきた」「若ハゲが気になる」「私服がダサい」……こういったコンプレックスはなるべく隠したい、できるだけ自分をよく見せたいと思うのが人情ですよね。

でも、**じつはダメなところや弱いところは、思い切ってさらけ出してしまったほうが、相手から好印象を持ってもらえるものなんです。**

実際、僕も以前、初めて打ち合わせする相手が自分からカツラをとってハゲであることをカミングアウトしてくれたときに、一気に距離がちぢまって、相手のことを好きになってしまったことがあります。

たぶんその人はだれにでも気軽に見せているんでしょうが、弱みやコンプレックスを打ち明けられると、「自分を信頼したうえで心を開いてくれた」と感じたりするんですよね。信頼されて受け入れてもらったら、やっぱりうれしいので、ついつい相手のことをいい人だと思いこんでしまいます。

もちろん、あんまり脈絡なく弱みをさらすのは、相手に気を遣わせてしまって、逆効果になってしまうかもしれないので、タイミングとその場の空気は多少読む必要があります。ただ、何度か試してみると、「いまだな」というコツがつかめてくるはずです。本題について話題にする前後の「雑談のフェーズ」なんかは、カミングアウトのタイミングとしてちょうどいいでしょう。

弱みをへたに隠そうとすると、陰《かげ》でなにかいわれているんではないかとかえって心配になって疲れてしまいがちです。それならば、いっそ武器にしてしまったほうが、心がラクになりますよ。

声の出し方を学んでおきましょう

あなたの周囲には、その人がしゃべっていると、いつの間にか聞き入ってしまうような話し上手な人はいませんか？　そういう人は、話の内容が優れているわけではなく、「声」がいいのかもしれません。

1971年にアメリカ合衆国の心理学者アルバート・メラビアンが、「メラビアンの法則」を提唱したのですが、この法則によると、人がコミュニケーションにおいて受ける影響は、言語情報が7％、聴覚情報が38％、視覚情報が55％という割合だそうです。**4割近くが聴覚情報、つまり、「声」や「話し方」なんですね。**

以前、インターネットで「重役っぽい雰囲気の話し方テクニック」について紹

介している動画を見たことがあるのですが、普段の話し方は一般的な成人男性といった感じだった話し手が、声のトーンや話すスピードなどを工夫することによって、たしかに「重役っぽさ」を醸《かも》し出していました。

欧米では、こういう「重役っぽい雰囲気」は「エグゼクティブ・プレゼンス」とよばれ、企業幹部になるための必須条件のように考えられているようです。

話し方を変えることは、見た目をランクアップさせることに比べれば、ずっとラクです。美形に整形したり、センスのいい服をそろえたりするのは大変ですからね。たとえば、長い時間ゆっくり話を聞いてほしいときは、「低い声」で、短時間で印象を強く与えたいなら「高めの声」で話すようにするだけで、人間関係で損をしにくくなると思いますよ。

正しいコミュニケーション能力を身につけましょう

コミュニケーション能力（コミュ力）って、社会人にとって必要な力だとよくいわれます。でも、僕は会社の採用とかで使われる場合のコミュ力は、要するに「上司の思い通りに振る舞う能力」「理不尽を我慢できる能力」なんじゃないかと感じています。「空気が読める」も、それと同じですね。

本当の意味での「コミュニケーション能力」って、「伝達する力」ですよね。

自分が伝えたいことを、伝えたい相手に、ちゃんと伝えることができる能力。こっちの、本来の意味のコミュ力は大事だと思います。

僕はユーチューブでいろいろな人から質問を集めて、ビールを飲みながらそれ

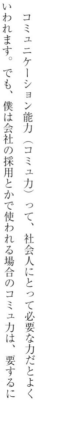

に回答していく動画を定期的にアップしています。そういうことをしていると、ときどき文章が下手すぎて、なにを聞きたいのかすごくわかりにくい質問が届いたりします。こういう経験をすると、「コミュニケーション能力って大事だなあ」と実感しますね。

たとえば文章に関していえば、「一文を短くする」「句読点をつける」「1つの文章に主語と述語は1つずつにする」といったことを守るだけで、わかりにくい文章を書いてしまうことはだいぶ減ると思います。

あとよくいるのが、やたら難しい言葉とか、専門用語とか、カタカナ語などを当たり前のように使う人ですね。こういう言葉を不用意に使う人って、「自分が知っていることは相手も当然知っている」という謎の理屈でしゃべったりしてしまいます。これはコミュニケーション能力の低さを露呈《ろてい》してしまっていますし、相手に頭が悪いと思われるので、やめたほうがいいと思いますよ。

基本的には性善説で生きましょう

人間関係で余計なストレスを抱えたくないのであれば、基本的には性善説で生きるのがおすすめです。あなたが裏社会や政治の世界で生きているなら別かもしれませんが、**ごくふつうの会社員であれば、最初からすごい悪意を持って近づいてくる人は滅多にいません。**職場の同僚や友人がじつは悪いやつで、弱みを見せたら自分を裏切るかもしれないなんて思っていたら、仕事でもプライベートでも気が落ち着かず、疲れてしまいますからね。

実際、性善説に基づいて行動するほうがいい結果が出やすいというルールが、有名なゲーム理論「囚人《しゅうじん》のジレンマ」でも証明されています。

これは、２人の囚人が、互いに隔離された状態である提案をされたときに、それぞれどんな対応をとるかというゲームについての理論です。提案とは「２人とも黙秘を選べば懲役《ちょうえき》２年。１人だけが自白したら、自白した方は懲役１年、黙秘した方は懲役15年になる。そして、もし２人ともが自白した場合は、どちらも懲役10年になってしまう」というものです。

世界中の優れた研究者がいろいろ試したところ、このゲームでもっとも勝てる選択は**「基本的には相手を信じて黙秘し、もし相手が裏切ったら、その次は自分も裏切る」**でした。

実体験としても、性善説を信じる根拠があります。僕は大学生のころにアメリカに留学したのをはじめに、世界中で50か国以上の国を訪れてきたのですが、どの国でも人の善意に助けられてばかりなんですね。言葉がわからなくても、困っていると必ずといっていいほど、やさしい人が助けてくれます。

世の中は思ったよりも親切な人であふれているもの。だから、基本的には性善説を信じて、肩の力を抜いて生きていきましょう。

相手の好意に期待するのはやめましょう

人間関係で疲れてしまいやすい人って、相手の好意に期待しすぎている場合が多い気がします。

「仕事でがんばったのに上司が褒《ほ》めてくれなかった」「友だちの悩みを親身になって聞いてあげたのに、ぜんぜん感謝してもらえなかった」「いつもみんなにやさしくしているのに、周囲の人から好かれていない」……。こんなふうに、相手からなんらかの好意や見返りを期待していると、それが得られなかったときにガッカリして、空回りして疲れた気持ちだけが残ってしまいます。

僕は他人にそういう期待をすることがまったくないです。だって、**「だれかに**

親切な行いをすれば、見返りがあって当たり前」なんて期待していると、感謝されなかったときにムダにイライラしちゃうじゃないですか。たとえ感謝されたとしても、期待したほどではなかったら、うれしい気持ちも目減りしてしまいます。

相手からの見返りは一切期待しないほうが、気持ちよく行動できるし、感謝されたときも「ラッキー」と感じられるので、心がラクです。

とりわけ「特定の人」に期待しすぎないのも大切です。**「この人にだけは絶対に認めてほしい！」と期待しすぎてしまうと、それが叶わなかったときのダメージが大きい。**だれかに期待をかけるにしても、「この人がダメだったら、別の相手に認めてもらえればいいや」と、一点集中のオールオアナッシング方式ではなく、対象をどんどん変えていく心持ちでいたほうが、あとあと自分を苦しめなくてすみますよ。

いつもニコニコしときましょう

だれでも手間も時間もかけずに、人間関係を円滑にできる方法が、いつもニコニコ笑顔でいることです。

大学時代に留学していたアメリカでも、いま住んでいるフランスでも実感するのですが、**笑顔でいるということは、言葉を使わずとも相手に好意を持ってもらえる最大の武器です。**言語もわからない状態で、なじみのない土地に行ったとしても、とりあえずニコニコしてきちんと挨拶《あいさつ》さえすれば、けっこうなんとかなっちゃうんですよね。

引っ越し先の住居で水道管トラブルがあったときなんかも、言葉はまだ流暢《りゅうちょう》に

しゃべれるわけではないので、業者さんにくわしく説明したりはできないのですが、笑顔で感じよく接していると、すごく親切にしてもらえる。

態度や表情の選択ミスをして、相手から嫌われて損をするのはもったいないですよね。そう考えると、笑顔は自分に相手への敵意がないことを伝えられ、親切にしてもらえる確率を上げられる、お手軽で万能な武器といえます。

あと、**笑顔はストレス緩和にも有効なので、人見知りであまりよく知らない人と接するのがストレスという人にもおすすめです。**人見知りだと心から笑うのは難しいと思うかもしれませんが、アメリカ・カンザス大学のタラ・クラフト教授が、「つくり笑顔でもストレス軽減に十分な効果がある」と2012年に発表しています。とりあえずストレスがたまっているときは、無理やりでも笑顔をつくってしまいましょう。

本音をいって、あとで謝りましょう

日本って、「本音」と「建て前」の区別を非常につけたがりますよね。ちゃんとした大人ほど、建て前を重視して、本音を飲みこむほうが偉い……みたいな空気を感じることがあります。

そのため、相手の意見に反対するような本音は、なるべく飲みこもうとしてしまう人をよく見かけます。でも、それが偽《いつわ》りのない本音だったなら、なるべく早めかつ率直に伝えたほうが、ストレスなく生きられると思うんですよね。

仲良くなれない人やうまくやれない人って、どんなにがんばっても必ず一定数は存在します。**どうせうまくやれないならば、早めに縁を切ったり距離を置いた**

りするほうが、お互い余計な労力をかけずにすむので幸せでしょう。いいにくい「本音」は、そういう相手かどうかを判断するのにうってつけです。

まずは、はっきりと「僕はこれがいやだ」という本音を伝えて、好き嫌いのラインを提示してみる。そうすると、相手の反応から「ここまではいってはいけなかったな」とか「これくらいなら許してもらえるのか」とか、「この人とはどうもうまくやっていけそうにないな」といったことがわかるはずです。

うまくやれそうな人とは、互いに許せる／許せない範囲を早めに共有できるので、その後のコミュニケーションが円滑になる。相性が悪い人とも、その場ですぐに謝ってしまえば、お互い大人ですから、表面上は大きなもめごとにはまずならないはずです。

そうやって賢く人間関係を断捨離《だんしゃり》していったほうが、ストレスを感じず生きていくことができますよ。

他人と比較するのをやめましょう

僕は統計データを見て、日本と海外の違いを知るのがわりかし好きなんです。

だから、比較すること自体には肯定的なのですが、意味のないものを比較するのは害しかないと思っています。

たとえば幸せ。**幸せは、だれかと比べて相対的に決まるものではないはずです。**数学の問題を解いているときに幸せを感じるとか、アニメを観るのがいちばんの楽しみだとか、家族といっしょにいる時間が安らぐとか、そういうことが幸せと直結していますよね。

それなのに、収入が自分より高い人、ルックスやスタイルがいい人、SNSの

フォロワーが多い人と自分を比べたりして、「自分は不幸だな」と思ってしまう。こういう人を見ると、「自分で人生をハードモードにしちゃってるな」と思います。なんでもかんでも他人と比べて一喜一憂《いっきいちゆう》していると、世の中疲れるだけですから。

「隣の似た人」と比べがちな人が多いのも気になります。これは日本が同一民族の割合の高い国であることも関係しているのでしょうか。同じような肌や目の色を持ち、身長・体格もかけ離れていることがないということから、比べてしまうのかもしれません。

他人と比べていたら、きりがありません。**「自分は自分、他人は他人」と、ある程度割り切って生きていったほうが、ラクな気持ちで生きられると思います。**

安易にフリーランスになるのはやめましょう

会社というのはわずらわしい人間関係がたくさんありますし、理不尽なことを要求されることもよくあります。そういうことが嫌で、「自分は組織に向いていないんじゃないか」「フリーランスになろうかな」と考えている人がいたら、それはちょっと慎重になったほうがいいかもしれませんね。

そもそもフリーランスで仕事を受注できる人って、「ほかの人よりも能力値が高い」か「ほかの人よりも費用が安い」かのどちらかです。前者の人は、そもそも悩まないでサッサとフリーランスになっていると思います。でも、そうじゃない人が安易にフリーランスになると、会社員時代よりも安くこき使われて、プラ

イベートの時間も犠牲になっちゃうパターンが多いんじゃないかなと思います。

会社の人間関係や理不尽に嫌気がさしている人の問題点は、「どこかにわずらわしい人間関係や理不尽がまったく存在しない組織、働き方がある」と考えているところでしょう。フリーランスになってもクライアントとのわずらわしい人間関係や、理不尽があります。**「仕事というのは、わずらわしい人間関係と理不尽があるのがふつう」というスタンスで淡々と仕事をしていれば、少なくともそれらに不満を抱くことはなくなるはずです。**

あるいは、本当に人間関係の構築とかが無理な人であれば、まったくコミュニケーションが発生しない工場とかで勤務するのもありですね。僕も昔、大手の宅配業者の倉庫でひたすら荷物を仕分けするだけの作業をしたことがありますから、そういう仕事もないわけじゃありませんよ。

断るときにいちいち「理由」をいうのをやめましょう

友人や上司・同僚からなにか頼まれたとき、「めんどくさいな」「自分にメリットがなさそうだな」と思って断りたいことってありますよね。そんなとき、お人好しな人ほど理由をつけて断りがちです。

「ごめん！　明日のその時間、銀座に修理が終わったパソコンを取りに行かなくてはならないから、行けないの」

「すみません。いまB社のプレゼン資料をつくっていて、手がつけられません」

でも、**こういうときは、理由をいわずに、「ごめん！　行けない！」「すみません！　無理です」とだけいって断ったほうがラクなんです。**理由をいうと、相手

はそれが回避できる案を考えてしまいますから。

「午前中に銀座に行くの？　だったらこっちは午後でもかまわないよ」

「B社のプレゼンは来週金曜日だよな？　こっちは今週使うものだから、頼むからこちらを先にやってくれ」

最悪なのは、これにまた理由をつけて断り、相手はそれを回避できる提案をして、というやりとりを繰り返すこと。結局、「あなたは、私のことが嫌いなの？」「お前、仕事やる気あるのか⁉」と文句をいわれたうえに、相手の頼みも受けざるを得なくなるという状況に陥《おちい》ってしまいます。

相手と議論が始まらないように、相手から「なぜ無理なの？」と聞かれても、「ごめん！　どうしても行けないの！」「すみません！　無理なものは無理なんですよ！」ときっぱり断りましょう。そうすると、相手もあきらめて、別のだれかに頼もうと考えますからね。

嫌われることに慣れましょう

人間にとって、人から嫌われるのは、けっこうなダメージです。なんとなく、自分の全部を否定されたような気持ちになりますからね。

でも、**残念な結論をいうと、他人から嫌われない人間は存在しません。** 実際、好感度抜群といわれていてだれからも好かれているように見える有名人が、不倫のような当事者以外は関係のないスキャンダルで、手のひらを返したように叩かれたりするのをよく見ますよね。あれって、潜在的に嫌ってた人たちが、相手に付け入るスキができたから攻撃している側面もあると思うんですよ。

容姿が整っている人は「容姿が整っている」という理由で、人気がある人は「人

気がある」という理由で、だれかしらには嫌われているものなんです。だから、すべての人に嫌われないでいることはできないし、そうしようとするだけ無駄なんです。

それがわかっていても嫌われるのが怖いという人は、「嫌われ慣れ」をしていないだけではないでしょうか。嫌われた経験が少ないから、嫌われることによって実際に生じるデメリットがわかっていない。わからないままだと、不安ってどんどんふくれ上がってしまいますからね。そういう人は、デメリットを具体的に定量化して把握するのがいいと思います。

たとえば、「同僚に嫌われているから職場でお土産《みやげ》がもらえない」とか「トイレで悪口をいわれる」などとリストアップしてみると、意外と大したことが起きないことがわかります。そうすると、嫌われることが怖くなくなり、安心して人と接することができるようになるはずです。

年長者にはとりあえず従いましょう

自分より年上の人の言葉は、古くさく感じちゃうものですよね。それにそのまま従うのは、なんだかおもしろくないです。

その気持ちはわかるんですけど、**反骨精神みたいなものに背中を押されて、年上や目上の人に面と向かって逆らうのはあまり賛成できません。**それをやっても結果的に残るのは、やきもきしすぎて疲れた心と、相手との気まずい関係だけだったりします。しかも、上司みたいに自分を評価する相手に嫌われてしまうと、職場の居心地も悪くなる。ラクだったり評価が得やすかったりするおいしい仕事も任せてもらえなくなってしまうかもしれません。

そうやって無駄に疲れたり気まずさを抱えたりするくらいなら、「そんなワケないだろ！」と内心思っていたとしても、最初は素直に従ってみちゃうのがいいと思うんです。

年長者が自分よりも長く生きているのはたしかですから、意外とうまくいくことも多かったりします。自分のいうことを素直に聞いて、「○○さんのおかげでうまくいきました」といってくる部下が、かわいくないわけはないと思います。

また、もしもそれでうまくいかなかったら、うまくいかなかった責任をその年長者に押しつけることもできます。そのうえで、「うまくいかなかった」という実績を手に入れたと思えばいい。

次にその年長者からなにか指示されたときは、うまくいかなかった過去の事例を指摘して、従わなければいいだけです。相手も最初から頭ごなしに断られるよりも、実際に試してみて失敗した過去があるという事実を示されたほうが納得しやすいと思います。そのあとで、自分が正解だと思うやり方でやってみればいいのです。

とりあえず「先生」とよんで、うやまいましょう

この世の中には、「先生」とよばれる職業があります。学校の先生が1つ。医者や弁護士もそうよばれます。出版という業界では、いまだに著者や作家を「先生」とよんだりするのも珍しくありません。

自分より特定の知識を持っており、自分はその教えを乞《こ》うという関係で使われるものでしょうか。教育においての学校の先生、自分の体調を知りたいときの医者、生活するうえで困ったときの法的対処法を知りたいときの弁護士、さまざまな情報・知恵を学びたいときの著者なんかは、そうなのかもしれません。

こんなふうに自分と相手の間に上下関係のようなものをつくるのを嫌がる人も

いるかもしれませんが、**そういうことにこだわらず、「先生」とよんでおだててしまうのも、ラクに生きるコツの一つだったりします。**

政治家の音喜多駿《おときたしゅん》さんがおもしろいことをいっています。政治家も「先生」とよばれる職業ですが、どうやら「政治家を先生とよぶのはやめよう」というような批判が、世論だけでなく政治家のなかからもあるようなんですね。

でも、音喜多さんは、「先生とよぶのは合理的で便利である」ともいっているんです。理由は、**「相手の名前を覚えなくていいから」**というものです。

僕も興味のない人の名前を覚えるのは得意ではありません。だから、興味がなくても、目上の人間っぽい人であれば、「先生」といっておき、敬意を払っている態度を示すのもありだと思ったりします。要は、簡単に相手を立てるひとつの方法ですよね。

僕と同様に、興味のない相手の名前が覚えられない人は、妥協案として使ってみてはいかがでしょうか。ただ、普段からまわりをなめている態度で生きているのがバレていたら、皮肉と取られて逆効果なんてこともあるかもしれませんが。

なめられる立場でいましょう

職場などの集団のなかで居心地よく過ごすには、「ちょっとなめられる立場」がおすすめです。「なめられる」というとネガティブな印象を受けるかもしれませんが、**「こいつは自分よりちょっと下だ」と思われていたほうが、変なやっかみや敵意を受けにくくなります。**

それに、なめられる立場って、周囲からけっこう大切にされやすいんですよ。判官贔屓《ほうがんびいき》という言葉があるように、ちょっと弱い立場の人間ががんばっている姿を見せると、人情として応援したくなっちゃうんですね。

心理学でも「アンダードッグ効果」とよばれるものがあります。選挙で泡沫《ほうまつ》候補に票を入れたくなったり、強豪チームに立ち向かう弱小チームを応援したくなったりする現象です。人間は集団ですごす生き物なので、弱いものを守ろうとする本能が働くのでしょう。

上司や先輩に怒られたりするときも、なめられポジションにいると、実質以上に「かわいそう」「たいへんそう」に見えるみたいで、同情が集まって、最終的に味方が増えていたりします。

「なめられたら負けだ」と肩肘《かたひじ》を張っていると疲れます。「なめられてるくらいがちょうどいいや」と思っていると、自分をよくみせようと無理にがんばる必要もなくてラクです。快適な人間関係で過ごすためのベストポジションといえるでしょう。

たまに歯向かいましょう

前のページと真逆のことをいうようですが、じつは「なめられっぱなし」もよくありません。なぜかというと、**あまりにもなめられすぎるポジションになってしまうと、いじめの対象にされてしまうからです。**

とても悲しいことですが、人間が集まると「叩きやすい人（スケープゴート）」がどうしても生まれやすくなってしまうんですね。なかには、上の立場の人間が、あえて組織内にスケープゴートをつくることもあります。意図的にそれ以外の人間のガス抜きをはかって、組織運営に利用するのです。

所属しているグループのなかで、自分がそのスケープゴートになってしまう

と、そこで生きるのが、かなりしんどくなります。意見は通らないし、めんどうで自分のためにならない仕事ばかり押しつけられたうえに、大した評価もされない……。しかも、一度このポジションになってしまうと、自力で立場を改善するのは残念ながらほとんど無理です。

そこで、自分を守ることが大切になってきます。スケープゴートにされそうになったら、いちばん有効なのは歯向かうこと。ただ、面と向かって目上の人に反抗すると、角が立ちやすいですよね。

そんなときには、**言葉で言い返すのではなく「物理的に前に出る」ことをおすすめします。**人間って攻撃されると後ろに下がりがちですよね。相手のパーソナルスペースに入り込むように体を近づけると、相手がひるんでくれたりします。あるいはなにかを叩いていきなり大きな音を立てたりするのも有効です。そうすると周りの人がビクッとします。こんなふうに**「ふだんはおとなしいけど、じつはキレると怖い人」というポジションが確保できると、組織のなかでかなり生きやすくなります。**

お願いされたら「自分のメリット」で判断しましょう

人から頼られることはある種のうれしさはありますが、そうやってお願いをすべて聞いていたら、どんな人でも疲れてしまいます。しかも、会社で頼まれ役を買ってばかりいると、会社にとって便利な「使い放題の社員」になってしまい、人のよさを一方的に利用されるだけになってしまうかもしれません。

そうならないためにも、**頼まれごとを引き受けるかどうかを判断するルールを自分のなかで決めておくのが大切です。**もっとも簡単なのは、引き受けるかどうかの判断基準を「自分のメリットになるかどうか」にすること。つまり、その仕事を引き受けた結果、自分にどんないいことが起きるのかですね。

取引先からの評価が上がるのか、上司に恩を売って給料や待遇の改善につながるのか。もし、そういったことがなくとも、その後の自分のキャリアにつながる経験ができる仕事なら、引き受けると決めてしまうのもありだと思います。

あと、**そのとき「だれからのお願いなのか」を意識しておきましょう。**自分を評価する相手である上司・経営者や利益になるものを買ってくれるお得意様なら、お願いを聞いておいて損はありません。一方、社内で評価されていない先輩や大した恩恵を与えそうもない顧客のお願いを聞いても、あんまりメリットは得られなかったりします。

メリットとデメリットだけで判断するなんて冷淡だと思う人もいるかもしれませんが、なにか基準を設けないと、いい人に限って疲れ果てて自分をすり減らしてしまいます。とにかく自分のなかで「断る基準」を明確にしておくと、生きるのがラクになるはずです。

自分のキャラを確立させましょう

なんだかんだいっても、所属している集団のなかでは、周囲の人たちから好かれているほうが、生きるのはラクです。

では、どうすれば人に好かれるのでしょうか。

僕は、人に好かれるポイントっていうのは、ほかの人たちと自分の間にある、なんらかの「ポジティブな差」だと思うんです。たとえば「ほかの人より仕事ができる」とか「優しい」とか「話しやすい」とかですね。

でも、このポジティブな差を、スキルなどでつけるのは難しい。ちょっとくらいエクセルが得意だったり、英語が話せたりするくらいでは、スキルをアピール

する機会も少ないですし、周囲の人からポジティブな差として認知してもらえません。

そこで生きてくるのが「キャラ」です。**集団のなかで自分のキャラを確立することができれば、周囲とのポジティブな差をつけやすいですし、すごいビジネススキルをつけるよりもよっぽどラクにできます。**

これは、無理して「不思議ちゃんキャラ」「芸人キャラ」みたいにとがったキャラクターを演じろということではありません。いままでの人生でだれしもが経験したことのあるような、「後輩キャラ」や「先輩キャラ」「末っ子キャラ」で十分です。周囲の状況を見ながら、空いているポジションを狙っていくのがいいでしょう。

自分が自然に演じることができて、ほかの人とはあまり被らないキャラを確立できると、集団のなかで居心地がよくなりますよ。

だれに対しても敬語で話しましょう

日本語には敬語というものがありますが、これは円滑な人間関係を築くうえで、なかなか便利なものだと思っています。

意外に思われるかもしれませんが、僕は立場の上下は関係なく、基本的には敬語で話すようにしているんですね。なぜなら、**敬語を使うことで、話している相手は自分が丁寧に扱われていると感じてくれるからです。**友好的な関係を結びやすくなり、親切にしてもらいやすくなります。

飲食店のバイト経験者ならわかると思うのですが、横柄《おうへい》なお客さんと丁寧なお客さんなら、やっぱり後者によりよいサービスをしたくなるじゃないですか。

それに、相手の立場が変わったときも、最初から一貫して敬語を使うようにしていれば、よけいな面倒が増えません。

たとえば、もともとは仕事で部下だった相手が、将来的に出世して自分より立場が上になる可能性も、十分にあるわけですよね。そんなときも、最初から敬語で接していれば、自分が相手に横柄な態度を取って恨まれているかどうかを心配する必要がない。

目下の人間だからといって高圧的に接しても、恨みを買うだけでなんのメリットもありません。 無駄な恨みを買わないためにも、「基本は敬語」ルールの導入をおすすめします。

相手の思考パターンを読んでみましょう

すぐ感情的になったり、理不尽なことをいってきたり、自分から見ると「理解不能な行動」をとる人に接すると、どうなるでしょう。理由がわからない分、振り回されてしまい、どっと疲れてしまいますよね。

でも、**どんなに理解不能な行動でも、そのベースにはその人なりの「ロジック」が隠れているはずです。**感情的な態度や理不尽な言動を避けてラクに生きるためには、そのロジックを理解することが大切になってきます。

とはいっても、あまり難しいことを考える必要はありません。**相手の普段の行動をなんとなく観察してみて、傾向と対策の仮説を立ててみればいいのです。**

ゲーム感覚で十分だと思います。「ほのお」タイプのポケモンには、「みず」タイプの技が効くだろう……みたいな感じですね。

たとえば感情的になりやすい上司に怒られたとき。その上司が、礼儀にうるさくて長時間謝罪させるタイプだったとしましょう。この人のロジックでは、相手への礼儀＝相手のために時間をたくさん取ること、なんじゃないかなと想像してみます。そしてダラダラと時間をのばして反省する態度を取ってみる。もしそれで効果がなければ、次は読むのに時間がかかる長文の謝罪メールを送ってみます。文章を考えるのも面倒ですから、同じことを何度も別の言葉で言い換えた文章を羅列《られつ》してみる。そんなふうに相手に効く「技」を探すのも、おもしろいものです。

また、有効な対策がわかったら、相手の思考パターンとの組み合わせをモデル化しておくと、次に同じようなタイプの人に当たったときにすぐに応用できるので便利ですよ。

理屈と感情を切り分けられない人は「子ども」だと考えましょう

日本の職場は、マイナス感情を平気であらわにする人が多いですよね。大声で怒鳴《どな》る上司もいれば、逆に、叱《しか》られたり失敗したことについて、ずっと落ちこんでため息ばかりもらしている部下もいる。自分が当事者じゃなくても、そういう人たちについ引きずられて自分のペースを乱してしまったり、彼らにどう接していいかわからなくて疲れてしまったり……。

でも、そんなふうに、すぐに怒鳴る人や簡単に落ちこんでしまう人は幼稚園児くらいの子どもと一緒。つまるところ、感情と理屈を切り分けられない未熟な人間なんですよね。

あなたが学校の先生で、相手が未成年の学生だったらまだしも、**あなたも相手も成人した大人であれば、あなたにその人を成長させたり矯正《きょうせい》したりする義務はありません。なので、そういう人とはふわっと接しておけばいいのです。**

僕なんか、そういう「人前でマイナスオーラを出してしまう人」に出会ったときは、相手のことを子どもどころか、ただの動物だと見なしてしまいます。同じ人間だと思うから、必要以上に相手に寄り添っちゃうと思うんですよね。

相手を動物と見なしたら、「この動物に襲われないためにはどうすればいいか」を冷静に考えてみればいいんです。そうすると、こういった人との面倒くさいコミュニケーションも、未知の動物とのファーストコンタクトっぽくなって、少し楽しくなりますよ。

クレームはオウム返ししましょう

世の中には、ストレスを発散したいだけのクレーマーが存在します。こういう人とは付き合わないでおくのがいいのですが、接客業の方とかですと、対応しなければならないケースも出てきますよね。

そういうときは、**聞いているふりをしながら、相手の発言をオウム返しするという方法があります。相手がいった事実や感情を繰り返すんです。**

たとえば、「半年前に買った枕が固すぎて、首が痛くて眠れない！」といってきたクレーマーがいたとします。本音は「そんな前に買ったものにクレームつけられても……」だと思いますが、それをいうと、相手に「お前のところで買った

ものなんだ！」と反論する機会を与えてしまうかもしれません。

そこで、「半年前に買ったんですね」とか「昨夜、眠れなかったんですね」と事実をオウム返しします。もしくは「眠れなかったのはつらいですね」と相手の感情を先取りして返す。相手は自分の言葉なので、反論できません。「そう、半年前だ」「つらかったよ」とトーンダウンさせてきたりします。

いいたいことだけいわせ、暖簾《のれん》に腕押しさせて、お引き取り願います。


「お前じゃ話にならない！　上をよべ！」と引かないクレーマーもいると思います。そうしたら「大声で侮辱《ぶじょく》されると、私も怖いです。これ以上なにもできません」などと、身の危険を感じたことを大げさに伝えると牽制球《けんせいきゅう》になります。あとは「メーカーに直接連絡してくれますか？」としかるべきところに責任を押しつける。理不尽なクレーマーは動物みたいなものですから、まともにやり合うのは無駄です。スルーして、生きていきましょう。

「他人とわかり合える」と思うのをやめましょう

日本経団連が２０１８年に発表した調査によると、新卒採用の選考にあたってとくに重視したことの１位は「コミュニケーション能力」でした。これは16年連続のようですね。ただ、１０４ページでも述べたように、いわゆる日本社会で使われる「コミュニケーション能力」って、本当の意味での「コミュニケーション能力」ではない気がするので、そこは注意が必要です。

でも、人と話せば話すほど実感するのが、自分との認識の違いだったりするのではないでしょうか。「なんでこの人はそう捉《とら》えちゃうんだろう」とか「なんでこれがわからないんだ」という感覚ですね。でもむしろ、**「あかの他人とはわか**

りあえるはずがないよね」と最初からあきらめたうえで、コミュニケーションをとっていくほうが、生きるのはラクになるんじゃないでしょうか。

人に対してイライラしたりするのは、自分の考え方や感性と異なることが原因だと思います。でも、そもそも「他人とはわかりあえない」と思っていれば、イライラすることもなくなります。

他人とはわかりあえないのが前提になると、相手から攻撃とかされても、イライラすることがなくなります。こういう人は、もうほぼ動物みたいな感じですよね。この動物と遭遇しないためにはどうするべきか、みたいに、ロールプレイングゲームで遊んでいるような発想をすると、わりかし楽しいですよ。

相手がもう完全にわかりあえない人だし、わかりたくもないのでしたら、コミュニケーションをとらずに遮断《しゃだん》するのも手です。「他人とわかりあえる」と淡い期待を持たずに生きたほうが、気楽に生きていけます。

自分と合わなければ出ていきましょう

「石の上にも三年」という言葉がありますよね。これを、職場でちょっといやなことがあって「会社をやめたい」と愚痴《ぐち》をこぼした友人に、「まぁ、いきなりやめるとはいわずにさ」と戒《いまし》める際に使うのはいいと思います。いっときの感情に流されて安易に会社をやめたりすると、不幸になることもありますからね。

でも、「つらくても辛抱し続ければ、どうにかなる」ということを強調して伝えるために使うのは、問題があると思っています。

日本では「苦労そのものに意味がある」という考えがありますが、これは間違っていますよね。つらすぎれば、心を病んじゃいますし、そんなブラックな環

境で辛抱したところで、見返りがあるとは限りません。自分と合わないな、と思っていたら、悩み続けるよりは、ある程度のところで見切りをつけて出ていくことも大事です。「住めば都」といいますが、**居心地が悪いところはいつまでも居心地が悪いし、そこがよいと感じてしまうのは、一種の病気ですよ。**

とはいえ、あなたのなかの「理想の職場」や「理想の上司」や「理想の仕事」を求めてすぐに会社を転々とするのも、たぶんあまり幸せにはなれません。なぜかというと、**あなたがまったくなんの不満も抱かない会社というのは、この世に存在しないからです。それは幻想です。**

気楽に生きるには、最高の状態を追い求めるのではなく、自分が「まぁつらくないな」「そこそこ楽しいな」と感じられるところで満足するのが肝です。ただ、「そこそこ」のレベルよりはるかに下、明らかに自分とは合わず、いるだけでつらい環境なら、さっさとそこから逃げて別の環境に移ったほうがいいですね。

真実を追求するのをやめましょう

僕は、影響力のある人が間違ったことやおかしなことをいっている場合、それは社会に大きな害を与えると思うので、メディアやSNSを通してツッコミを入れることがあります。こういった姿勢は、真実を追求しているように見えるかもしれません。

ただ、**普通に生きていくうえでは、このように他人の言動にツッコミを入れたり、真実を追求するような姿勢でいるのは、ほとんど意味がないのでやめたほうがいいと思います。**

とくに日本の場合、へたに大きな相手に向かって真実を追求しようとしても、けっこうしんどい結果で終わることもしばしばです。日本だと、義憤《ぎふん》にかられて内部告発とかした人は、ほとんどバレてしまっているうえに、そのあと、不遇な扱いを受けています。公益通報者保護法が2006年に施行されて、公益のために告発した人の左遷《させん》や解雇などを禁じていますが、長い間、罰則がなかった「ザル法」でしたから。

実際、施行直後の2007年、オリンパスの内部通報制度を使って上司の不正を告発した社員は、閑職《かんしょく》に左遷されています。また、ネット上でファンの多い人に下手にケンカをふっかけると、そのファンの人たちから猛攻撃にあったりしてしんどいだけです。やめときましょう。

社会を正すことに力を入れても徒労《とろう》に終わることが多い国です。それならば、真実なんて追求しないで、自分の幸せを追求したほうが、よりよく生きられると思いますね。

あえて「めんどくさい人」だと思わせましょう

めんどくさい人とは距離を置いて付き合うほうがいいと思っているのですが、これを逆に利用して、**相手にめんどくさい人と思われたほうがトクするケースもあったりします。**

たとえば、やりたくもない仕事を頼まれたとき。取引先の人が高圧的だった。もしくは仕事の単価が安い。いろいろ理由はあるかもしれませんが、相手に「この人はやりやすい人だな」と思われると、このケースだと困ることになります。しかも、直接断ることができない関係かもしれません。

そこで、たとえば、「この仕事の契約内容が気になるのですが、過去の事例で

いいので、先にどんな契約書になるか、5例ほど見せてくれませんか？」とか、「この仕事の詳細なスケジュールをエクセルにまとめて出してくれますか？」といったお願いをしてみる。すると、相手は、「あぁ、この人めんどくさいな」と思いますから、結果的に、その仕事を引き上げてくれたり、もしくは距離を置いて注意して付き合ってくれたりします。

意図的にめんどくさい人になることで、相手の土俵《どひょう》に立たないですむわけです。

もちろん、相手から面倒な人だと思われてしまうので、多用していると、周りに悪評が広まってしまうこともあるでしょう。相手にとって予想外のカウンターパンチを打つのが目的ですから、ほどほどの使用に抑えておきたいところです。

怒っている人からは物理的に離れましょう

怒っている人の相手をするのは、疲れるものです。しかも、そういう人って、すでに問題が解決していたり、相手が謝罪していたりしても、ずっと怒りが収まらずに怒鳴《どな》り散らし続けることが多い。自分のことを、悪者をやっつける正義の味方だと思っちゃってるんですよね。

人間の脳はわかりやすい攻撃対象を罰していると、快楽中枢が刺激されて、快楽物質のドーパミンが放出されます。すると、気持ちよくなってしまい、怒りから抜け出しにくくなってしまうようです。

いちおう、そういう怒りの感情をコントロールしようと、理性をつかさどる前

頭葉という部分が働いてくれることになっています。でも、この前頭葉も突発的に発生する怒りの感情には、すぐに対応することができないらしいんです。

だから、**相手が怒っている場合は、「あぁ、この人、怒ってることが気持ちよくなっちゃってるんだな」とあきらめて、下手になだめたりせず、物理的に距離をとってしまうのがいちばんなのではないでしょうか。**僕の場合は、急にトイレに立ち上がって20分くらいこもったり、スマホに電話がかかってきたふりをしてその場を離れたりする、といった対応を取っています。そしてしばらくしてから帰ると、相手も冷静になっていたりするんですよね。

謝罪の言葉や態度で相手を落ち着けようとするより、このほうがよっぽど簡単で効果的です。

おせっかいに
お礼をいいましょう

たまに、過剰に親切をしてくれる人って、人生で現れますよね。僕のまわりでも、会うと食事を奢《おご》ってくれるお金持ちがいたりします。あなたの周りにも、聞いてもいないのに「これが健康にいい」といろいろな食べものを渡してきたりする人がいたりしないでしょうか。

こういった過剰な親切、あるいはおせっかいって面倒くさく感じてしまうものですが、とりあえず「ありがとうございます〜」と受け取っておくのがラクなんじゃないかなと思います。

親切の押し売りをする人って、要は、自分の行動や考えが正しいと思いこんで

いて、それを他人にも押しつけてしまう人です。**こういった押しつけがましい人は、たしかに面倒くさいですが、別に悪意があるわけではありません。**むしろ、邪険《じゃけん》に扱うと「可愛さ余って憎さ百倍」じゃないですが、感情のベクトルが真逆に向いてしまうこともあるので、ぜんぜんうれしくなくても「ありがとうございます～」といっておくのがベターですね。

ただし注意したいのは、「親切を受け取っても、こちらからはお返しすることができない」と伝えることです。僕は、自分から奢ることもないし、そもそも自分のお金で外食することはないことを公言しています。こうすることで、「次に会ったときはひろゆきに奢ってもらう」と期待されることを回避しています。僕はあくまで押し売りされる親切を、受け取るだけです。

これを明確にしないと、こちらが親切のお返しをしないことを恨まれたりしますから。最悪、悪徳セールスマンに買わされたり、新興宗教の活動に協力することになったりします。親切の押し売りについては、ギブ・アンド・テイクではなく、テイクだけであることを相手に認識させることを心がけてください。

ましょう

第4章

働き方を変えてみ

理解しないでいることに対して
給料を支払われる人間に、
何かを理解させようとするのは難しい。

アプトン・シンクレア『知事候補の私がいかに侮られたか』1935年

好きなことを無理に仕事にするのはやめましょう

「自分の好きなことを仕事にしたい」と考える人が多いと思います。気持ちはわかるのですが、その考えはかなり危険なんじゃないかな、と思います。なぜならば、そういった人気の仕事は、搾取《さくしゅ》されやすい面があるからです。

アニメーター、ゲームクリエーター、プロゲーマーといった人は、やりたい人がたくさんいる仕事でしょう。**こういった多くの人が憧《あこが》れる職業は、トップ・オブ・トップはたしかに稼いでいますが、それ以外はそうではありません。**たとえば、ハードワークで知られる某有名アニメ製作会社の社員が、月給20万円にも満たないことが求人サイトの情報で暴露され、話題になったことがありました。ほ

かにも、多忙で知られる出版社が募集した編集者の条件は、週休2日の契約社員で月給20万円でした。

税金やもろもろの諸費を引かれたら、家賃の高い都会でひとり暮らしをしたり、家族を養ったりするには、かなりきつい金額です。でも、「安くてもいいからやりたい」という人がつねにいるのがこの手の人気業界です。低賃金の構造そのものは、ずっと変わらないままなんですね。

そもそもですが、仕事の本質は、だれかがやりたくないこと・できないことを代わりにやることでお金をもらうことだと思っています。それであれば、**好きなことを無理に仕事にせずとも、それはそれで趣味として続けて、仕事は仕事と割り切ったほうが、幸せな生活を送れるんじゃないかなぁ、と思います。**

ちょっと難しく、苦にならないことを仕事にしましょう

仕事を選ぶとき、「天職」だと思えるものを探す人がいます。**天職は、天から授《さず》かった職業という意味ですが、僕、これは幻想にすぎないと思うんです。**

たとえば、陶芸を天職だと思ってやっている男性がいたとします。その陶芸家に仕事のやりがいを感じるときを聞いてみると、「日によって焼き方を変えなければならないけど、それがうまくいったときがうれしい」とか「ろくろを回して、納得した形に成形できる瞬間がおもしろい」とかいったりします。

プロの陶芸家は、土の空気をしっかり抜くとか、乾燥や焼く時間を環境に合わせて調整するとか、見栄《みば》えよく絵付けするとか、工程ごとにスキルアップしなけ

ればいけないことがたくさんあるようです。

でも、これってほかの仕事でも同じですよね。**要は、いまできないちょっと難しいことに挑戦する環境があり、その達成感を味わえるのがいい仕事だと思います。**

たとえば、カレー屋さんがあって、カレーを皿に盛るだけの係に任命されたとします。すごく単調な仕事でしょうから、1か月間もそれだけをやらされたら飽きてしまいます。

逆もあって、売上高が月100万円の宝石売りに、「来月は1億円売って」とノルマを課したら、難しすぎてやる気をなくします。簡単すぎず、難しすぎない、適度に難しい仕事のほうがやる気は高まると思います。

加えて、「苦じゃないこと」を選ぶことが大事でしょう。土の手触り感がゾッとするなら陶芸家はできないでしょうし、カレーの匂いが服や髪につくのが嫌ならばカレー屋さんは無理でしょう。そういう意味で、ちょっと難しく、まぁ苦じゃないな、くらいの仕事を選ぶことが適当だと思います。

メールはさっさと返信しましょう

僕は打ち合わせに遅刻することがしょっちゅうあるのですが、遅れないように心がけているものがあります。それがメールの返信です。**早く返信する理由は、手間がかからないわりに、簡単に自分の評価をアップさせることができるからです。コスパがいいってことですね。**

たとえば、事業計画書を添付した、「確認してください」というメールをもらったとします。すると、僕はぱっと見て問題なさそうだったら、「おおむねオッケーです！」とだけ先に返しておきます。すると「すぐに返信してくれた！」「この人はチェックが早い！」と思ってくれ、僕の印象がよくなります。

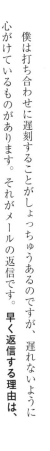

しかし、返信を遅らせた場合はどうでしょう。1週間後に「おおむねオッケーです！」と返したら、先方は、「時間かけておいてそれだけかよ……」「資料ちゃんと読んでないだろ?」と思ってしまいます。つまり、自分のところで寝かせた時間分だけ、「見返り」を求められる。短文メールでは許されなくなります。

このやり方を身につけたのは、僕のところに1日数百通のメールが来るようになったためです。そのうち、返信しなければならないのは100通ほど。これだけあると、その都度《つど》メールを返しておかないと、あとでメールを再度見直すなどの無駄な時間が発生し、とてもストレスになることに気づいたのです。

ちなみに、もしメールを返したあとに、「あそこはちょっと違う意見をいえばよかったなぁ……」と思ったら、その時もすぐにメールします。怒られると思われるかもしれませんが、相手は最初に早く返信をもらっているので、そこまで悪い気にならないんです。メールをさっさと返すことは、よい人間関係の構築にもつながるのでおすすめです。

適当なところで見切りをつけましょう

日本は職人文化が根づいているからでしょうか。仕事において、徹底的に練って100%のクオリティに仕上げてから提出するという信念を持っている人が多い気がします。もちろん、本人がそれを楽しんでやっているならいいのですが、**このような完璧主義が仕事の効率を下げている面もあると思います。**

たとえば、ピザ屋の配達のバイトが、規定の30分以内ではなく、半分の15分以内に届けられるように全力を注ぐとします。でも、ピザを受け取る客にしてみれば、早く届けば多少はうれしいでしょうが、届く時間が15分短くなるためだけに倍のお金を払う人はあまりいないでしょう。価値が劇的に変わるわけではないの

です。もしピザの配達のアルバイトをやっていても、15分早く届けたことで給料が倍になるわけでもありません。

プログラミングを学ぶと、完璧主義の欠点を実感します。プログラミングは、「少しでも処理速度を高めよう」と思うと、どこまでも改善することができます。でも、それは90％のものを92％にする、といった話です。報酬を2倍にするほどの価値を生むわけではないんです。

そのため、**プログラマーとして稼いでいる人は、「動けば問題ないよね」くらいの態度で適当なところで見切りをつけ、仕事を早く仕上げるタイプが多いです。**60％のものをつくったら次の仕事に移り、また60％のものをつくる。これだと生産力がグンと高まりますから、給料や報酬も上がるんです。

ラクして評価や報酬をいまよりも得たいのであれば、1つのものを時間をかけて100％に練り上げる能力よりも、60％のものをすばやく連続でつくっていく能力を身につけたほうがいいと思います。

早めに実績をつくっておきましょう

ある会社で新たなプロジェクトが始まるとき、Aさんが「自分の能力が活かせそうだからやりたいな」と思って熱意を伝えても選ばれず、上司は「新しく入って来た君。たしか前の会社で同じようなことしていたよね?」といって、急に中途採用の新人Bさんが抜擢《ばってき》された。

こんなことは、よくありますよね。要は、**実績は能力に勝るという例です。そのため、なにか一つ、わかりやすい実績をつくっておくといいでしょう。**

では、最初の実績をつくるために、どうするべきか。

準備としては、インプットを多くすることです。

僕は、ボードゲームづくりなど、エンターテイメント関連の仕事を請け負うこともあるのですが、これは、僕が趣味のゲームや映画に時間を割《さ》いてきたからでもあるんです。エンタメ知識はけっこうあるので、「人がハマるボードゲーム案ありませんか？」とか「どういう作品がいまは人にウケると思いますか？」とかいわれたら、例をあげながら論理的に説明できると思います。すると相手は「この人はくわしい」と思ってくれて、徐々に信頼してくれます。

冒頭の例でいえば、Aさんは熱意ではなく、たとえば「学生時代にそれに関連する授業を取っていたので、くわしいです」と、インプットしていた実績をいえば抜擢されたかもしれません。

なお、「2ちゃんねる」を創設した僕が、それと直接は関係のない仕事も引き受けていることからもわかるように、**実績はその分野だけでなく、ほかの分野に対しても武器になります。**早めに自分の名刺となるような実績をつくっておくと、そのあとの仕事がラクになりますよ。

もっと休暇をとりましょう

日本で働いていると、長期休みを取って海外旅行に行くといったことをなかなかしないですよね。一方、僕が住んでいるフランスでは、平気で1か月くらいバカンスを取ります。

これは、おそらく労働の価値観が違うことが背景にあると思います。日本では、がんばって働くことを美徳と考える人が多い気がします。その労働の結果が、どこかで必ず報われると思っているのではないでしょうか。そういう意味でいうと、自分たちの雇用主のことを信じているんですよね。だから、お金にならないサービス早出やサービス残業が常態化しているのだと思います。

一方、フランスはキリスト教圏なので、そもそも「労働＝贖罪《しょくざい》」という価値観がベースにあります。要は、**労働は進んでやりたいものではなく、できればやりたくないものと考えています。**それが前提ですから、雇用主の善意に期待することがありません。権利は自分たちで守らなければならないものだと思っているので、すぐにストライキを起こして雇用主に抵抗の意思を見せます。

終身雇用や年功序列が約束されていれば、日本のやり方のほうが優れているかもしれません。ただ、トヨタ自動車の社長ですらそれらを守るのが難しいと公言している時代です。そう考えれば、**「仕事は必要以上にするものではない」と割り切ったほうが、人生がラクになると思います。**

「残業代を稼ぐために残業したい」とかであればそうすればいいと思いますが、みんながそう生きていく時代ではないいんじゃないかな……と、働くことが嫌いな僕は思ったりするんですよね。

最初はマネしましょう

新しいことを始めるときは、だれだって張り切るもの。どうせなら新しい方法でやってみたいと、自分だけのオリジナルなアイデアで進めたくなってしまうこともあるでしょう。

でも、「自分の頭で考える」にこだわりすぎてしまうと、最適な方法にたどり着くまでにとんでもない手間ひまをかけるハメになってしまったり、時間と手間をかけたのにゴールにたどり着けないばかりか、間違った正解を導いてしまったりすることもよくあります。

そこで、おすすめなのは、うまくいっている人のマネをすることです。

なにかをうまくこなすためになによりも大切なのは、「情報量」です。これが新参者《しんざんもの》には圧倒的に足りません。どんなに頭がいい人も、受験の試験に慣れていないと受からなかったりします。どんなにルックスがよくても、ナンパがつねに成功するわけではありません。つまり、受験に成功している人や百戦錬磨《ひゃくせんれんま》のナンパ師は、新参者が知らない情報やコツを知っているのです。

たとえば、話を聞きに行ける人だったら、アポイントメントを取って、その人に単刀直入にうまくいくやり方を聞いてみる。もし、そういうことができない相手であれば、そのうまくいっている人が書いているブログや、ノウハウがまとまっている書籍を読んで、マネしてみる。自分のオリジナルを見出すのは、うまくいってからでいいのです。

その業界の古株の人や先行して成功している人が持つ情報には、使えるものがたくさんあるので、利用したほうがいいですよ。

ライバルの少ないところに行きましょう

「ユーチューブで稼いでいる人がいっぱいいそうだ」。そう思って、ユーチューバーとして年収1億円を目指そうとしても、いまからだとなかなか難しいのは、だれでもわかりますよね。でも、これが、自分の身近なことだと、なかなかわからなくなります。

たとえば、ラーメン激戦区の地域で、ラーメン店を開いたとします。最初はお試し・味見ということで、お客さんも入るでしょうが、周りがおいしいラーメン屋さんだったら、味で勝負して生き残るのは、至難の業《わざ》です。

つまり、**勝負をかける前に、「そもそもその場所で勝負をかけていいか」**を考

えるべきなんです。ラーメン屋さんの例でいえば、たとえば、飲み屋がたくさん並んでいるところにポツンとラーメン店を出店する。そうしたほうが、「シメにラーメンでも食べていくか」と、お客さんが入ってくれて成功するかもしれません。

世の中には敵がいないので成功したという例がけっこうあります。僕がつくった2ちゃんねるも、創設当時は似たようなライバルのサービスがたくさんありました。でも、周りがどんどんやめてくれたおかげで、続けていた僕が、結果として成功してしまったんです。また、**新しいネットメディア・ツールが出ていたときに、「たまたま早くからそれを使っていたので、注目を浴びた」という人もけっこう多いですよね。**

つまり、努力とか工夫とかではなく、ポジショニングが成功の大きな要因になっているんです。こういうことって、何気に多いんですよ。

がんばっても報われないことは、がんばらないようにしましょう

少年マンガを見ていると、努力しているのがかっこよく描かれていることは多いですよね。でも、努力が報われるかどうかについては、僕自身、疑っています。というのも、**努力が報われないことが、社会では当然だったりするからです。**

たとえば、ポスティングのバイトはどうでしょうか。8時間やるのと、16時間やるのでは、配れるチラシの枚数が違ってきます。ポスティングは時給ではなく1枚単価で報酬がもらえるので、この場合の努力は報われますよね。

一方、農協に牛乳をおろす酪農《らくのう》家はどうでしょうか。おいしい牛乳をつくるのに手間をかけたり工夫をしたりしても、日本では、農協を通すと周りの工夫をし

ていない酪農家の牛乳と一緒くたに取引されてしまいます。「1リットルいくらか」といった形で買われてしまうんです。つまり、努力が報われないんです。

会社でも、自分ががんばっただけなのに、チームとして全体が評価されたり、管理職である上司が評価されたりといったことがよくあります。そんな職場環境だったら、**適度に仕事をサボったほうが、ラクに生きられます。**

もし、「それでもサボりたくないな」と考えるならば、努力するベクトルを変えたほうがいいでしょう。

たとえば、先の酪農家であれば、牛乳をおいしくするのではなく、品種改良をして牛乳が多く取れる牛を育てる努力をしたほうが実を結ぶでしょう。また、おいしい牛乳をつくる能力があるならば、それを加工してアイスとして売るとか、高く買ってくれる販売ルートを築くといった努力をしたほうが報われます。どちらにしても、やみくもに努力するのは、賢明ではないと思うんですね。

肩書きを持ちましょう

2020年4月、日本リサーチセンターがネット上で1万932人に対して行ったアンケートで、興味深い結果が出ていました。それによれば、「現在、必要でないと思うもの」を用意したリストからすべて選んでもらったところ、1位は学歴（28・6％）で、2位は資格（22・2％）だったようです。

でも僕は、少なくても日本で生きていくうえでは学歴も資格も有効だと思います。なぜなら、日本人は肩書きにとても弱いからです。

有名大学を卒業していたら、就職にも有利になるでしょうし、大企業で働いていた人は転職もしやすいと思います。また、合格難易度の高い資格である弁護士や公認会計士などは、給料も一般会社員より高いです。また、たとえば僕は、旅行代理店をつくれる「総合旅行業務取扱管理者」という資格を持っているのですが、これがあると、旅行にかかわる仕事に携《たずさ》われるチャンスも増えます。

なお、**肩書きを利用するのはいいですが、むやみやたらに信頼するのは注意しましょう。**コロナ禍《か》でも、ある知事がうがい薬がコロナに効くと発言したことで、ドラッグストアにうがい薬を買いに行った方がいたようです。また、京都大学のある准教授がインターネットテレビで「ＧｏＴｏトラベルによる新型コロナの（感染拡大への）影響は軽微だ」と根拠を示さず発言していて話題になったこともあります。

肩書きを持った人でも誤ったことをいうことがあるので、肩書きに踊らされることはないようにしたいですよね。

職場は「人間関係」で選びましょう

働く場所を選ぶとき、どういう基準で選ぶでしょうか？「給料の高さで選ぶ」というように完全に仕事＝お金と割り切って選ぶ人もいるでしょうし、「仕事のやりがいを感じるところを選ぶ」と充足感で選ぶ人もいますよね。

僕は、働く場所を選ぶ基準の一つに、「一緒に働く人との人間関係が良好かどうか」「そこの人たちと相性がいいか」で判断するのもありなんじゃないかな、と思います。というのも、転職サイトのアンケートを見ていると、退職理由の上位に「職場の人間関係」が必ず入るからです。

それに、会社の愚痴《ぐち》をこぼす人の話をいろいろ聞いてみると、たとえ給料が少

なかったり、仕事がつまらなかったりしても「人間関係さえもうちょっとマシなら我慢できる」という人は多い印象です。意識している人は少ないかもしれないですが、じつは仕事内容とか給料が多い少ないよりも人間関係は大事だということでしょう。

たとえば、どんなに条件がよくても、社長や上司がだれかをスケープゴート（集団のなかでいじめられる人）にして、組織の人心掌握をはかるようなことをしていたら、仕事もやりにくいですよね。

また、上下関係が厳しく、公私を分けずに仲良くするような体育会系のノリの会社の場合、自分も体育会系のノリが好きなら楽しい職場になるかもしれませんが、文化系の人にはちょっと疲れるかもしれません。

ちなみに世界的企業であるグーグルは、社員を採用する際、いまいる社員と相性のよさそうな「いい人」を選ぶそうです。たしかに気のあいそうな人のほうが、新入社員も既存の社員ものびのび仕事ができますからね。

人にやってもらいましょう

人になにかを頼むことが苦手な人って日本人にはけっこう多い気がします。そういう人は、自分がやらなければならないといった責任感が強かったり、他人の時間を奪うのが申し訳ない、と気を遣いすぎていたりするのではないでしょうか。

僕なんかは、プライベートなことはほとんど人に頼みません。でも、仕事は仕事と割り切るので、ガンガン人に頼んでいます。

僕は仕事においては、自分がやることをなるべくなくすようにします。というのも、僕は働きたくない人間ですから、僕自身がなにかやらなければならない、

という状態になると、そこがボトルネックになって、プロジェクトが止まったりするんです。つまり、ボールを僕が持たないことを徹底することで、プロジェクトがうまく回るようにする必要があります。

組織のなかで、業務をある特定の人にしかできない状態になることを「属人化」といいます。仕事が属人化してしまうと、もしその人がヘッドハンティングされて抜けてしまったら、とたんに会社の仕事が回らなくなっちゃいますよね。組織としても、一人の人間に労力をかけすぎるのはデメリットが大きいんじゃないかと思います。

ちなみに、頼んだ人が途中で「できないです」といってくることがありますよね。そういうときには「ではだれならできるか、教えてください！」といって、その人に代わりとなる人を探す責任も負わせちゃいます。

それに、**自分がいなくても、案外仕事は回るものです。**それなら自分の手間を少なくして、極力自分がやらなくても回る体制を整えていたほうが、リーダーや責任者としては優秀なんじゃないでしょうか。

「約束は絶対守る」をやめましょう

仕事ができるようになったり、ある程度の役職になったりすると、社内外からいろいろなオファーが来ます。そういったオファーが、つまらなそうだったりメリットがなさそうだったりしたら、断ればいい。でも、評判を聞いてから来るオファーは、魅力的でおもしろそうなものも多いんです。すると、1日2時間の仕事を4、5件こなすことで、1日があっという間に終わってしまいます。

僕ももともとそういう仕事のスタイルでしたが、冬場にかならず体調を崩していました。原因を考えたら、睡眠不足なんです。だから、このままではいけないと思って、どんなに忙しくても、眠いときは寝ると決めました。

その結果、「約束は絶対守る」をやめることになりました。**「だるいなぁ」と思う打ち合わせを、遅刻したりキャンセルしたりするようになったんです。**すると、体調がよくなってきました。しかも、だるい仕事をすっ飛ばしているので、やりたいことができるようになりました。キャンセルした仕事以外の案件が、とてもうまくいくようになったんです。

それに、こういう態度でいると、僕の場合は、無駄な打ち合わせが何度もある人からのオファーが徐々になくなり、納品したものがしっかりしていれば、別に打ち合わせを一度もしなくてもかまわないというような人のオファーだけが残るようになりました。やりやすい職場環境を築けたんですね。

ただし、これはオファーがいろいろ来てからの話です。**忙しくなる前は全部「ありがとうございます！」といって約束を守り、丁寧にこなしていきましょう。**そうじゃないと、「使えないただの無能」で終わってしまいますから。

サブスキルを育てましょう

スキルアップというと、ついつい自分自身の仕事に直接かかわるものばかりを育てる人がいます。短距離のランナーが0・1秒ちぢめることに全力を注《そそ》ぐ感じでしょうか。

もちろん、0・1秒の差が勝負を決めるプロのスポーツならば、それでいいのかもしれません。でも、自分のメイン武器となるスキルをある一定レベル以上のものにしようと努力しても、労力の割に成果につながらないと思います。

それよりも、**メインスキルがそこそこのレベルになっているなら、サブとなるスキルを育てておくことをおすすめします。**

たとえば、営業職の人が、趣味で始めたユーチューブによって、動画作成・編集能力を育成していたとしましょう。すると、それを知った社長や上司から「仕事で使う5分程度の動画をつくる事業を我が社で始めようと思っているんだけど、責任者やってみない？」といったオファーがあるかもしれません。

もしくは、ウェブディレクターの人が、マンガを描くサブスキルを持っていたとしましょう。すると、友人から「広報に使うマンガを描いてくれない？」と頼まれて、副業としてお金を稼ぐことができるかもしれません。

このサブスキルは言語に左右されずに仕事ができるもののほうが今後はおトクな気がしますね。たとえば言語のわからない国に行っても、プログラミング能力があれば、ある程度その仕事ができると思います。ほかにも、作曲や演奏、ダンスの振り付けなども、サブスキルとして武器になるかもしれません。

ただし、**サブスキルを育てて意味があるのは、メインのスキルが一定レベル以上になっている場合に限ります。**じゃないと、メインスキルもサブスキルも、中途半端で役に立たないという結果になってしまいますからね。

とりあえず会社をつくってみましょう

僕は働き方をすこし変えるのに、会社を1つつくっておくことをすすめています。**理由は、ほとんどどんなものでも経費に落とすことができるためです。**

たとえば、趣味が全国の電車の写真を撮ることだったとします。普通なら「お金のかかる趣味」ですが、会社をつくって事業にすれば、電車を撮るために必要な支出――交通費、宿泊代、カメラ機材代などはすべて経費にできるのです。またビジネスにしておくことで、一発当たることがあるかもしれません。撮り鉄として注目されれば、写真集を出せることもなくはないです。

写真を撮っているからといってカメラマンでなくてもかまわないんです。たと

えば、それ用のブログをつくって、そこに写真と説明文を乗っけておいて、アフィリエイト用の広告を貼ったとします。それで何回かクリックされて、1円でもお金が入れば著述業です。あるいは撮影した電車の動画をユーチューブにアップすれば、それだけで映像作家ですよね。「事業にする」といっても、身構える必要はありません。

それに、**設立したばかりの会社が売上より経費が多くなることはよくある話です。利益が出なければ、法人税を収める必要もありません。**東京であれば、法人都民税で年間7万円かかってしまいますが、車や撮影機材の購入代、旅費、書籍・資料代、打ち合わせの飲食費などが経費にできるメリットは大きいです。

それに、**会社を設立するとそういう面倒なことが一通りできるということを転職の際に評価してくれる会社もあったりします。**経理や決算も覚えれば、バックオフィス業務にも強くなりますから、社内で配置転換とかあった際にも対応できたりします。

自分が勝てるところで勝負しましょう

自分より仕事ができる人と自分を比べてしまって「自分は無能だ」「自分には価値がない」と落ちこむ人もいると思います。そのせいで自分に自信をなくして、仕事のモチベーションが下がるとか、そういうこともありますよね。

ここで大事なのは「自分が勝てるところでしか勝負をしない」という考え方です。 たとえば僕は講演会のお仕事は受けません。僕はだれかの質問に答えてしゃべるのは得意なのですが、一人でずっとしゃべり続けることができないからです。講演会というフィールドでは、ほかのもっとトークがうまい人たちには勝てないとわかっているんですね。

もちろん、自分で仕事を選《え》り好みできないことも多いでしょう。そういうときは、評価するポイントを自分で変えちゃえばいいんです。営業マンだったら、営業成績ではなくて「あのお客さんとの仲の良さだったら自分が一番だ」とか。**どんな小さなことでもいいから自分がほかの人より勝っているポイントを見つけて、それ以外は「どうでもいい」という考え方を持てれば、ラクになりますよ。**自分が得意な分野だけで活動すれば、成功したりうまくいったりすることが増えるので、勝手に自己肯定感が高まりやすくなるんです。

たとえば、無課金でスマホゲームをがんばる小学生がいても、大人でしたら1万円課金してレアキャラをゲットすることで勝つことができますよね。それに、パソコンやネットが使えない高齢者に、若い人だったら知ってて当然のことをレクチャーするだけで感謝されたりします。

いまあげた例は極端ですが、勝てる場所や相手を探すって、ラクに生きるための大事なコツだったりします。

会社に期待するのはやめましょう

日本で働いている人のうち、約9割は雇用されている人です。雇用関係を結んでいる会社には、ついつい期待したくもなります。

でも、結論からいうと、**日本の民間企業に勤めている人は、会社に期待するのはもうやめたほうがいいです。**

会社員が会社で気にするのは人事評価でしょう。実績と上司からの評価などで、上から順番にA、B、C、Dと評価をつけて、給料や昇級に反映されます。ここでAの評価を出すには、ハードに働いたうえに、上司にも気に入られなければなりません。それ相応の才能がないと、とても難しいです。

しかも、日本の企業では、社員が会社の売上にどんなに貢献しても、ボーナスがほかの社員よりも少し多めに出る程度でしょう。役職がついて管理業務も増えたのに、「月給5000円アップ」とかは、ざらにある対応です。

こういった社員への〝しょっぱい対応〟は、終身雇用が守られるならば、成り立ったかもしれません。でも、**同じ会社で一生働けるということ自体が、じつは幻想なんです。**

いまの終身雇用制度は1960年前後の好景気のときに慣習化したものです。その制度で入社して、定年まで終身雇用された人が退職したのが2000年代中ごろでしょう。すると、まだ十数年しか経っていません。このあと、日本は景気がよくなる要素が見当たらないので、定年神話は崩れていくと思います。

もし収入を増やしたいと思っているのであれば、給料を上げるためにいまの仕事をがんばるより、給料の高い企業に転職するとか、副業したりしたほうが、社内で競争していくよりもストレスがないかもしれませんね。

つねに転職を考えましょう

「いまの会社だと将来不安だ」「これ以上出世するポストがないよ」。そう思いつつも、毎日電車にゆられて出社している人は多いですよね。なかには、エイヤっと会社を辞めてしまう人もいますが、それはあまりにリスクが大きい。

そこで、**実際に転職をするかどうかは別として、転職サイトや転職エージェントのサービスに登録することから始めてみるのはどうでしょうか。**こういったサイトに登録すると、いまの自分の価値が客観的にわかります。こういう業種でこういったスキルを持っているならば、いくらくらいの給料の働き口があるのか。登録することで、「不満があってもいまの会社で働き続けたほうがいいな」とか

の判断もできます。

もしくは、求められているスキルや資格が足りなければ、転職のためにそれらを身につける、といった手も打てますよね。就職事情の情報収集といった気楽な気持ちで登録すればいいのです。

ちなみに、履歴書の職歴に空白の期間があり、それが気になる人は、実家が個人事業主として家業を営んでいることにして、そこで経理や仕入れを手伝っていた、ということにしておけばいいと思います。**会社を辞めてしばらく休みを取っている最中なら、会社を設立するのも手です。**合同会社なら数万円あれば会社を登記できます。会社を立ち上げて事業をやっていたという経歴は、転職にも効果的です。

「いまの会社でしか働けない」と不安になること自体がストレスになるので、いつも転職を頭の隅《すみ》に入れておくといいと思います。

「営業スキル」を身につけましょう

ＡＩ（人工知能）技術やロボット技術が職場に導入され、「自分の仕事が奪われるんじゃないか？」と不安になる人も多いですよね。たしかに、流れ作業のような単純作業や、総務や経理といったデスクワークは、技術の導入でどんどん人がいらなくなるでしょう。**その流れはもう止めようがないので、不安に思っているなら「そうなった場合にどうするか」をいまのうちから考えておいたほうがいいと思います。**

じゃあなにをすればいいのか。人によって得意不得意があるのでひと言でアドバイスするのはむずかしいのですが、人を相手になにかを売る「営業」は、なか

なかなくならないんじゃないかな、と思っています。なので、営業スキルを身につけておくのは、これからの社会でも役に立つでしょう。

営業というと、「飛び込み営業」とか「接待」をイメージする人も多いでしょう。でも、そもそもいま営業をやっていない人は、そういうことが嫌だからやってないと思うので、**身につけるべきは比較的ラクができる営業スキルです。**

たとえば新商品のお菓子を写真や動画で撮影して、それをＳＮＳに投稿しまくるとか、アマゾンなどのレビューサイトに食べた感想を片っ端から書くとかは、だれでもできる営業行為です。**食べものがおいしく見える写真・動画のスマホ撮影術や、読んだ人に食べたいと思わせる文章術は、覚えておいて損はありません。**自分がいいと思ったものを人に勧めて購買を促《うなが》すのは立派な営業活動です。

こういうことは扱う製品、営業する相手（お客さん）が違えば、その都度、臨機応変な対応が必要なので、ＡＩの代替えも進まないでしょう。不安になって英語を勉強する人もいますが、日本で英語が必要な環境はほぼありません。汎用性《はんようせい》の高い営業スキルを育てるのが、どこでもラクに働けるコツのひとつです。

ようを
ましょう

第5章

心の持ち変えてみ

人生には数え切れないほどの苦しみがある。
おそらく、唯一避けることのできない苦しみは、
苦しみを避けようとすることから生じる苦しみだ。

R・D・レイン『あなたはかつてR・D・レインだったか？』1988年

片手をいつも空けておきましょう

ラクに生きていくには、いつも余裕を持っておくことが肝心です。

「幸運の女神には前髪しかない」とよくいわれるように、チャンスは通りすぎてしまったら、もうつかむことはできません。しかも、通りすぎるのは一瞬です。

仕事やプライベートでも、「優良な会社の転職情報を見つけたけど、いまの業務が忙しすぎて応募できなかった」「すてきな合コンの誘いがあったのに、疲れすぎて参加できなかった」など、時間や体力に余裕がなかったせいでチャンスを逃してしまうことは往々にして起こりえるでしょう。また、ピンチになったときも、余裕がなければ冷静に対処できませんしね。

僕は、**いざというときにチャンスをつかめるかどうかというのは、普段からまじめに働いているかどうかということよりも、よっぽど大切だと思うんですね。**

コツコツやっていても人生が変わる可能性はたいしてありませんが、大きなチャンスをつかめれば一発逆転ができますから。

同じ会社でコツコツ働いている自分の給料が横ばいで報われないままなのに、サボってばかりいた同期が転職チャンスをつかんで楽しく仕事していたら、なんだか釈然《しゃくぜん》としないじゃないですか。

多くの人は「がんばれば、なんとかなるはず」と考えて、両手いっぱいにあふれるくらい仕事・予定を詰めすぎちゃっているんですよね。けれど、一瞬で通り過ぎてしまうチャンスをきちんとつかめるように、片手はつねに空けておくくらいの余裕をもつことが、ラクな人生を送るためのコツです。

自分のなかの優先順位を決めておきましょう

やりたいことはいっぱいあるのに、目の前のことをこなしていくうちに、いつの間にか時間がなくなっていた、という経験はありませんか?

現代はとくに時間をつぶせるものをいくらでも見つけられてしまう時代です。**自分のなかの優先順位をしっかり把握していないと、どうでもいいことや楽しくないことに人生の時間を取られて、疲れだけが残ってしまいます。**

人生を壺《つぼ》にたとえてみましょう。壺に大きな岩をいくつか詰めたとします。壺が岩でいっぱいになったあと、水や砂のようなものを隙間に詰めることはできますが、逆はできない。先に水や砂を入れてしまうと、大きな岩が入れられないわ

けですね。

このたとえにおいて、大きな岩は自分にとって大切なもの、水や砂は些末《さまつ》なものを表しています。大切なものほど、取り組もうとすると時間や労力がかかりますからね。あらかじめ優先しておく必要があるということです。**「仕事での自己実現」「出世」「家族とのだんらん」「趣味の時間」……自分がなにをもっとも重視して生きていきたいのか、考えておく必要があります。**


僕にとって優先順位がもっとも高いのは、すでに述べていますが「睡眠時間」です。睡眠のためには、遅刻しようがドタキャンしようが仕方ないと割り切っています。周囲の人にも、自分は睡眠を優先しているということを堂々と表明しているので、それを前提として僕に接してくれるんですね。

自分が人生で後悔せず、気持ちよく生きていけるように、優先順位をきちんと決めて、周りの人にも理解してもらう工夫をするようにしてみてください。

自分がなににストレスを感じるかを把握しておきましょう

ラクな人生を送るために、ストレスは大敵です。そのため、適切にストレスに対処する必要がありますが、どんなことにどれくらいのストレスを感じるかが人によって異なるように、その対処も千差万別です。なので、**ストレスに対処するには、そもそも自分はどんなことにストレスを感じるのか、その原因がなんなのかを把握する必要があります。**

ただ、人間は自分のことについては、あまり冷静に分析できないものです。そこで、自分は自由意志で動く人類だという考えをいったん捨てて、たんに刺激を受けてそれに反応する機械だと客観的にとらえてみるのはどうでしょうか。

落ち込んだり不安になったりとストレスを感じたときに、**「この機械にどんなことが起きたら調子が悪くなって、どんな対処をしたら、調子がよくなるのだろう？」**と分析してみるのです。

客観的になってみたら、**ストレスの原因になっていると感じるものを、全部書き出していくのもおすすめです。**一通りそろったら、ストレスの強い順に並べてみて、もっとも強いものから対処を考えてみる。

他人からバカにされたときに、最大のストレスを感じるとわかったら、どうすればそのストレスが軽くなるか、いろいろ試してみる。その場で言い返すのがストレス解消になるかもしれませんし、あとで周りの人に愚痴《ぐち》ったほうが調子がよくなるかもしれません。

そうやって自分がストレスを感じる理由とその対処を把握しておくと、生きるのがずっとラクになりますよ。

「すべてはネタになる」と考えましょう

はりきって取り組んだ仕事で失敗したり、アプローチしていた異性に手ひどくフラれたり……。イヤな目に遭うのは落ちこむし、だれしも避けたいものです。

でも、**そんなイヤな出来事も、だれかに「ネタ」として話すことができれば、「まあいいか」と思えるのではないでしょうか。**世の中のことは、どんなことでもすべて「ネタ」にできます。つらかったり悲しかったりしたことも、おもしろおかしく話すことで、相手が楽しそうにしてくれれば、自分もうれしいし、ちょっとは元が取り返せた気持ちになれます。

実際、僕がかかわっている会社で採用面接を行ったときも、順風満帆《じゅんぷうまんぱん》な話をす

る人よりも「起業したんですけど、失敗しちゃったんですよ」という話のほうが場が盛り上がったし、印象にも残っています。

それに「感情のラベリング」といって、つらかったことを言語化して表現すると、ストレスが緩和されたり、ストレスへの耐性を高めたりすることができるんです。言語化することで、恐怖心や攻撃性をつかさどる脳の扁桃体《へんとうたい》という部分の働きが抑えられるそうなんです。

それに「ネタ」にできると思えば、いろいろなことに挑戦できます。楽しい人生を送るために、なんでも「ネタ」にしていこうくらいの気持ちでやっていきましょう。

「思い通りになること」と「思い通りにならないこと」を区別しましょう

営業の目標額に届かなかった、気になる異性と仲良くなれなかった、ピクニックに行きたかったのに雨が降ってしまった……などなど、結局のところ、人生は自分の思い通りにならないことばかりです。

人間は神様ではないので、どんなにがんばっても、思い通りにならないことをゼロにすることはできません。なのに、**自分では思い通りにできないことまで「自分でなんとかできる」と錯覚しているから、苦しくなってしまう。**

そうやって苦しくならないために、「思い通りになること」と「思い通りにならないこと」はあらかじめ区別しておきましょう。

たとえば、異性や上司など他人の気持ちや行動なんかは、自分の言動でなんとかできるのではないかと勘違いしがちです。でも、**他人の感情や行動はコントロール不可能です。**一方、営業の目標額を達成するために新規の営業先を毎日5件回るとか、既存顧客に別の商品も買ってもらう営業をかけるとかは、自分でコントロールできる部分です。

そうやって、コントロール可能なこととコントロール不可能なことを把握しておけば、自分の思い通りにできるコントロール可能な方面にのみ、力を注力することができます。

コントロール不可能なことについては自然災害のようにあきらめてしまいましょう。そうすれば、余計なことに時間や労力を割《さ》かずにすみます。

心配をやめましょう

「会社をクビになったらどうしよう」「配偶者と離婚することになったらどうしよう」「大病になったらどうしよう」

生きているとこういった心配事をすることがよくあると思います。

ただ、**心配することは、ただ心が不安定になるだけで、あまり意味がないんです。**というか、デメリットしかありません。

あなたがどんなに仕事をがんばっても、経営者の判断ミスで業績が悪化して半年後にクビを言い渡されるかもしれません。どれだけ家族を愛していても、配偶者が浮気をしたりしていきなり別れを告げられるかもしれません。健康にメチャ

クチャ気を遣って暮らしていても、明日、自分の体からガンが見つかるかもしれません。交通事故にあったり、地震などの災害にあう可能性だってありますよね。

意味があるのは、心配事を心配することではなく、その心配事が起こってしまったとしても、うまく生きていくための対処法を考えておくことだと思います。そして、この対処法は多ければ多いほど、いざというときに取れる選択肢が多くなります。

たとえば、会社から半年後にクビにする宣言をされても困らない対処法はなんでしょうか。プログラミングを学ぶスクールに通って転職に備えておくとか、1年は働かなくても大丈夫な貯金をしておくとか、友人や親族と仲のいい関係を築き、いざというときに少しの間居《い》候《そうろう》させてもらえそうな人を何人かつくっておく、とかの対策を取れるはずです。

「こんなことが起こったらどうしよう」と悩んでいるのならば、起こっても問題ないような方法を考え、対策を立てておくほうがぜんぜん合理的です。

イヤなことを思い出したときのリアクションを決めておきましょう

突然、昔あったいやなことを思い出して、モヤモヤしてしまうことって、ありますよね。

じつは、**人間の脳には、ネガティブな出来事に関する記憶を長く残そうとする働きがあるんです。**この働きは、心理学で「ネガティビティ・バイアス」とよばれています。

ネガティビティ・バイアスは、人類が進化する過程で、危険から身を護《まも》るために発達しました。自分を脅《おびや》かす事象についての記憶を残すことで、似たような事態を回避するために発達したのでしょうね。食べたら体調を崩した食材や、危険な動物が住む場所の記憶などを残すために、活躍していたのだと思います。

ただ、社会が発達した現代では、死に直結するような危険に遭遇する可能性は低いです。むしろ、あまりにいやな記憶ばかり思い出していると、うつや不安障害といった心の病気にもつながりかねません。

いやな記憶が湧き出てどうしようもないときは、「耳を引っぱる」など具体的な動作をリアクションとして決めておくとよいでしょう。リアクションに意識が向いて、記憶が薄れていくことがあるからです。最新の脳科学でも、ネガティブな感情は、別のことに意識を向けると軽くなることがわかっているんですよ。

暇な時間をなくしましょう

人生に余裕は必要ですが、退屈を感じるほど暇な時間には注意が必要です。人類って、飢《う》えや天災みたいに生命の危機に対する不安や脅威に対して、「考えること」で抵抗してきた生き物みたいです。なので、**本当になにもすることがない暇な時間ができると、無理やりにでも不安要素を探し出そうとするんですよね。**

結果として、将来への不安や過去の後悔みたいに、解決策を出しようがないようなネガティブな考えまで、みずから生み出しちゃうんです。

そういうネガティブな考えを脳が生み出さないようにするためには、暇な時間をつくらないことが大切です。

ただし、これは無理やりスケジュールを詰めこんで忙しく働けという意味ではありません。それは疲れます。

たとえば、僕はいまパリでほとんど予定を入れずに毎日を過ごしていますが、暇な時間はほとんどありません。**ネットフリックスで映画を見たり、アプリでマンガを読んだり、ゲームをしたりとけっこう忙しいんです。**タスクではないけれど、やりたいと思っていることがあるので、暇で「なにもすることがない」と感じることは、一生訪れないのではないかと感じています。

暇な時間を持てあまして不安を抱えがちな人は、そういう「やりたいこと」を用意しておくといいですよ。いまは手間やお金をかけずに楽しめるエンタメが山ほどあるので、どんどん活用していきましょう。

目の前のことに集中しましょう

将来に対する漠然とした不安など、ネガティブな感情に支配されそうになったときは、目の前のことに集中するように心がけてみてください。

「不安になるな」といわれると、かえって不安な感情が沸き上がってきますが、「いま現在のことに集中しろ」といわれれば、目の前にあるものだけに意識が向いて、ほかのことには無心になれる。**人間の脳は2つのことを同時に処理できないので、なにかに没頭しているときは、ほかの事柄についての感情は抱けなくなるんです。**

宗教なんかも、この無心の状態をつくる仕組みをうまく取り入れていますね。

念仏を唱えたり、聖歌を歌ったりするのは、「いま・ここ」に集中しやすい行動です。宗教的側面の強いインドのヨガが若い女性の間で流行っているのなんかは、もしかすると集中する行為の渇望《かつぼう》なのかもしれません。

ちなみに、ヨガでもっとも重要だといわれているのは、シャバーサナという死体のポーズなんですよね。このポーズでは無心でいることが大切にされています。

体を動かすのが難しいときは、目の前のものに意識を集中させることを試してみてください。

たとえば、**目の前にコップが置かれていたとしたら、その質感や重み、どうやって製造されたのかなどについて、全意識を向けて考えてみる。**そうすると、いつの間にかネガティブな感情が消え失せているはずです。お金も時間もかかりませんから、まあ一度だまされたと思ってやってみてください。

自分を褒《ほ》めましょう

人生はいつも順風満帆《じゅんぷうまんぱん》とはいきません。いいこともあれば、悪いこともあって当然です。だから、大切なのは、悪いことが起きたときでも、前向きに生きられるかどうかです。

そして、**どんなときも前向きに生きている人って、「根拠のない自信」を持っている場合が多いんですよね。**人間は人生を「自分」というフィルターを通して評価しますから、その自分にさえ自信があれば、どんな状況にあっても人生を肯定的に受け入れられるわけです。

ただ、自信のよりどころとして、なんらかの根拠がある場合、「悪いこと」に

よって自信を喪失《そうしつ》してしまう危険性があります。たとえば、一流企業に勤めていることを自信の根拠にしている場合、会社が倒産したりクビになったりしたときに、一気に自信を失ってしまう。

その点、**根拠のない自信はそもそも根拠がないのだから、なにがあっても崩れようがありません。**

根拠のない自信をつけるために有効な方法は、「自分で自分のことをひたすら褒める」ことです。

褒める内容は、どんなにつまらないことでも構いません。むしろ、つまらなければつまらないほど、小さなことで自信をつけられるのでいいでしょう。**たとえば「今日も朝起きてちゃんと出社した」とか「今日もちゃんと寝る前に歯を磨いた」とか、そういうことで自分を褒めてみるんです。**

最初は照れくさく感じるかもしれませんが、慣れていくうちに自信がついて、自分のことが好きになってくるはずです。

自分を正当化しましょう

ラクに生きていくうえで、自分の過去の言動を正当化できるかどうかは、重要なポイントです。

過去の事実は変えられないので、記憶を振り返って「なんであのとき、ああしなかったんだろう」と後悔してばかりいるのは、エネルギーの浪費ですからね。それに、**自分の過去を肯定できなければ、未来においてどんな行動を取るかについても臆病になるので、非常に生きづらくなってしまいます。**

過去の出来事は変えられませんが、過去に起きた出来事についての解釈は変えられます。「あのとき自分がやったことは誤りだった」と解釈するか、「あのとき

自分がやったことが人生の転機になった」と解釈するかでは、ぜんぜん違ってきますよね。

とにかく、自分の過去の出来事を「正当化」してみることを試してみましょう。

たとえば、好きなアーティストのライブに行くために勉強をサボって、大切な試験に落ちたとしましょう。勉強をサボった自分のことを、「欲望に弱い」と否定的にとらえるか、「好きなものを大切にした」と肯定的にとらえるかで、過去の自分に対する評価は大きく変わります。

試験に落ちたという事実は変わらないんですから、どうせなら「自分は試験よりも好きなものを大切にできる人間なんだ」と行動を正当化してしまいましょう。そのほうが、よっぽど自分の人生を楽しんでいられます。

好きなことに没頭して心をリセットしましょう

人間の心は重圧を感じ続けると、本格的に病んでしまいます。心の病気にならないためにも、いやなことがあったら、定期的に心の荷物をおろすようにすることが大切です。またいやなことがあったとしても、いったん心をリセットできているかどうかで心理的負担はまったく変わってくるものです。

心をリセットするには、好きなことに没頭するのがよいでしょう。心が好きなことに向くので、怒りや悲しみといったネガティブな感情は霧散します。とくに、音楽鑑賞はおすすめです。２００９年にカナダのマギル大学の研究チームが、好きな音楽を聴いてワクワクすることが、神経伝達物質のドーパミン

を分泌させる効果を持つという論文を発表しています。ドーパミンが増えると、ポジティブで意欲的になるので、いやな考えが浮かびにくくなるのです。

ただし、お酒を飲むのが趣味だという人は、「やけ酒」には注意してください。お酒の飲みすぎは体に悪いですし、酔っ払いすぎて、さらにいやな思い出を増やす結果になったという話もよく聞きます。

実際、東京大学の松木則夫教授が2008年に、いやな記憶を思い出した直後にアルコールをとると、さらに記憶の定着を強めてしまうという研究結果を発表しているんですね。

アルコールには頼らず、素面《しらふ》のままでできる趣味に没頭する。そうやって楽しい思い出を増やしていけば、いやなことに振り回される人生と決別できますよ。

いやなことをあえて何度も思い出しましょう

生きている限り、いやなことを完全にゼロにはできません。玄関から一歩出たとたんに犬のフンを踏むかもしれないし、駅で知らない人にぶつかられるかもしれないし、新しい取引先の人に理由もなく嫌われてしまうかもしれない。

それは、どんなに人間関係に恵まれていようが、理想的な仕事についていようが、金持ちだろうが一緒です。

ひどいときには、いやな思い出がフラッシュバックしてしまい、ムカついたり落ちこんだりして、メンタル的に疲れを貯めてしまうこともあるでしょう。

僕はそういうときは、いやなことをあえて何度も思い出すようにしています。

そのあとに、どうすればよかったのか、その事態への対策を徹底的に考えます。

たとえば、犬のフンを踏んだ場合は、ドアを開ける際には足元にも注意しよう、とか、犬がたくさんいる地域だったら、家の壁に「フンを持ち帰りましょう」と張り紙をはっておいたほうがよかった、とか対策を考えるんです。

そうやって何度も何度も思い返し、考えていくうちに、いやだったことがどうでもよくなってくる。人間の脳は、同じ刺激に慣れる性質があるんですね。

ただし、人によってはいやなことを何度も思い出すことで、よけいストレスをためてしまう人がいるので、**ちょっと試してみて、自分には向いていないと思ったら、すぐにやめてください。**自分の性格や資質にあった対策法を身につけましょう。

いやなことは記録しておきましょう

いやな出来事に遭《あ》うと、頭がカーッとなって、なかなか冷静に自分を顧《かえり》みることができません。そんなときは、出来事を客観的に見られるように、記録をとるようにしてみましょう。

気持ちを整理するために、とくにおすすめなのは、文章を書くことです。１980年代に、アメリカの社会心理学者ジェームズ・ペネベーカーが生み出した「エクスプレッシブ・ライティング」という方法があります。これは思ったことを文字にして書くだけというシンプルな方法ですが、うつ病の治療にも用いられる認知行動療法でも取り入れられるくらい、効果があるといわれています。

頭のなかにあると感情は乱雑に散らばったままですが、文章にすると「自分はこのときこんなことに傷ついたのか」「こんなふうに怒っていたのか」ということが客観的かつ具体的にわかり、自分の感情を受け入れやすくなるんです。

エクスプレッシブ・ライティングを毎日20分間行うことで、メンタルがどんどん鍛えられます。最初から20分は長すぎると感じたら、まずは数分間から時間を伸ばしていきましょう。5週間続けると、脳の認知機能が上がるそうですよ。

あと、**記録することは他人からの攻撃を直接防ぐためにも有効です。**パワハラやセクハラ、嫌がらせなどを受けたときは、問答無用で録音や録画ができるようにしておきましょう。

いまはスマホで簡単に記録をとることができるので、いざとなれば会社や司法機関に訴えて、しかるべき処分を下してもらえますからね。

弱者を否定するのをやめましょう

生活保護受給者に対して「もっとがんばって働けばいいのに」とイライラしたり、社内で閑職《かんしょく》に回された年長の社員などを見て「みっともない」と冷たく接してしまったり、人間は自分より弱い立場にいる相手を見ると、つい厳しい気持ちを持ってしまいがちです。そして、そんな自分に自己嫌悪を抱いたりします。

これってじつは、「自分は絶対に弱い立場になりたくない」という気持ちの裏返しだと思うんですよね。理想が高くて生《き》まじめな人ほど、「こうあるべき」という理想の自分のイメージがあって、たとえ他人でもそのイメージからかけ離れた人を見るとイライラしてしまうのでしょう。

でも、**あなた自身も、仕事を失って生活保護受給者になったり、異動で閑職に回されたりと、いつ弱者になってしまうかわかりません。**そんなとき、いつも弱者を否定していたら、とてもつらくなってしまうでしょう。

だったら、人を弱者と決めつけている、自分の考えを手放したほうがよっぽどラクです。

僕はいろんな国を訪れたことがあるのでわかるのですが、国によって価値観って本当に多種多様なんですよ。日本だったら生活保護受給者は弱者と批判されがちですが、ヨーロッパなら「国に助けてもらえばいいじゃん」と肯定的に受け止められたりします。だれかを弱者だと判定する価値観は絶対じゃないんですね。

だれかを弱者と否定したくなったら、世界にはたくさんの価値観があることを思い出してみてください。**相手のことを肯定できるようになったほうが、自分自身を苦しめずに済みますよ。**

事実にフォーカスしましょう

現代はとにかく情報であふれている時代です。気をつけていないと、他人やメディアからもたらされる情報や言葉によって、簡単に不安を煽《あお》られてしまいます。

でも、冷静に考えたり、具体的に調べたりすると、そういった情報は根拠のない個人的な意見や推測であることが多いんです。だから、真に受ける前に「データはどこなのか」「エビデンスはなんなのか」「そういう事例は実際にどれくらいあるのか」など、事実に注目して調べるようにしてみましょう。

しかも、**具体的な事実にフォーカスするようになれば、あやふやな他人の言葉**

に振り回されなくなるだけでなく、他人の心も動かしやすくなります。フローレンス・ナイチンゲールなんかも、具体的な事実を使って、自分のやりたいことを通した人物です。日本では「やさしい看護師さん」みたいに思われていますが、この人は統計学の先駆者でした。

ナイチンゲールは、19世紀という「女のいうことなんて信用できん！」みたいな時代に、「じゃあ数字で証明します！」と統計学を使って数字という圧倒的事実をつきつけることで、頭の固い上層部を説得しました。そして、クリミア戦争における医療所の環境を改革して、負傷者の生存率を高めたんですね。

このことからもわかるように、**人を説得するうえで、客観的なデータに勝るものはないのです。**いまはインターネットで簡単に具体的な情報を手に入れることができます。しっかりとしたサイトから引用すれば、間違っていることはまずありません。事実をうまく使いこなせば、人生の自由度がぐっと上がりますよ。

ゲーム感覚でやってみましょう

どんなに逃げようとしても、好ましくない仕事や人間関係にかかわらなければいけないときはあるものです。そんな場合は、**いっそのこと「ゲーム」だと思って、攻略法を探すつもりで楽しんで取り組んだほうが、心理的負担も減りますし、結果もついてきます。**

人を楽しませるためにゲームで使われている仕組みを、ゲームとは別の分野で応用することを「ゲーミフィケーション」とよびます。ゲーム化することでモチベーションや成果のアップが見込めるので、実際に業務に取り入れている企業も増えてきました。

僕も昔、アルバイトでスーパーの売り子をしたときに、ゲーミフィケーションを取り入れてみたことがあります。バイトだと、いくら売り上げても長期的な自分の利益にはならないのですが、どうせやるのならば楽しみたいと考えたからです。

攻略法を見つけるつもりで、いろいろ試すうちに、大勢に向かって大声を出すよりも、人が少ないときに一人に向かって声をかけたほうが相手の反応がいいということに気がつきました。そして、そうやって売りさばいた結果、５人に１人は買ってくれるようになったのです。

ゲームという言葉が肌に合わないなら、「実験」に置き換えてみてもいいでしょう。どうせ避けられないことならば、自分が楽しんで取り組めるように認識を変えてみたほうが、人生が楽しくなります。

主な参考文献・URL

『記憶力を強くする 最新脳科学が語る記憶のしくみと鍛え方』池谷裕二／講談社ブルーバックス

『最先端研究で導きだされた「考えすぎない」人の考え方』堀田秀吾／サンクチュアリ出版

『フェイクニュースを科学する：拡散するデマ、陰謀論、プロパガンダのしくみ』笹原和俊／化学同人

『脳が冴える15の習慣―記憶・集中・思考力を高める』築山節／NHK出版

『難しいことはわかりませんが、お金の増やし方を教えてください！』山崎元・大橋弘祐／文響社

『脳を鍛えるには運動しかない！ 最新科学でわかった脳細胞の増やし方』ジョンJ・レイティ／NHK出版

「お酒を飲んでも嫌なことは忘れられない？」研究成果（東京大学）
https://www.u-tokyo.ac.jp/focus/ja/press/p01_200228.html

ヒトが他者を助けるのは生得的で普遍的であることを示す最近の社会心理学・発達心理学・神経科学研究の紹介（川合伸幸）
https://www.jstage.jst.go.jp/article/jcss/21/2/21_269/_pdf

「Ethanol Enhances Reactivated Fear Memories 」Hiroshi Nomura & Norio Matsuki＼Springer Nature
https://www.nature.com/articles/npp200813

「Sleep loss causes social withdrawal and loneliness 」Eti Ben Simon & Matthew P. Walker＼Nature Communications
https://www.nature.com/articles/s41467-018-05377-0

「Journaling About Events: Effects of Cognitive Processing and Emotional Expression 」Philip M.Ullrich,M.A. and Susan K. Lutgendorf,Ph.D.＼University of Iowa
http://transformationalchange.pbworks.com/f/stressjournaling.pdf

「２０１８年度 新卒採用に関するアンケート調査結果」一般社団法人 日本経済団体連合会
https://www.keidanren.or.jp/policy/2018/110.pdf

「「必要ないと思うもの」は？」日本リサーチセンター
https://www.nrc.co.jp/report/200529.html

「令和元年賃金構造基本統計調査」厚生労働省
https://www.mhlw.go.jp/toukei/itiran/roudou/chingin/kouzou/z2019/index.html

労働力調査（基本集計）２０２３年（令和５年）５月分結果（総務省統計局）
https://www.stat.go.jp/data/roudou/sokuhou/tsuki/index.html

Grin and Bear It! Smiling Facilitates Stress Recovery (Psychological Science)
https://www.psychologicalscience.org/news/releases/smiling-facilitates-stress-recovery.html

高額な医療費を支払ったとき（高額療養費）（全国健康保険協会）
https://www.kyoukaikenpo.or.jp/g3/sb3030/r150/

著者
ひろゆき（西村博之）

1976年、神奈川県生まれ。東京都に移り、中央大学に進学。在学中に、アメリカ・アーカンソー州に留学。1999年、インターネットの匿名掲示板「2ちゃんねる」を開設し、管理人になる。2005年、株式会社ニワンゴの取締役管理人に就任し、「ニコニコ動画」を開始。2009年に「2ちゃんねる」の譲渡を発表。2015年、英語圏最大の匿名掲示板「4chan」の管理人に。2019年、「ペンギン村」をリリース。
『無敵の思考』『働き方 完全無双』（大和書房）、『論破力』（朝日新書）、『自分は自分、バカはバカ。』（SBクリエイティブ）、『凡人道』（宝島社）、『なまけもの時間術』（学研プラス）、『1％の努力』（ダイヤモンド社）、『叩かれるから今まで黙っておいた「世の中の真実」』（三笠書房）など著書多数。

ラクしてうまくいく生き方 [KIZUNA COMPACT]
自分を最優先にしながら
ちゃんと結果を出す100のコツ

2023年8月10日　第1刷発行
2023年9月25日　第2刷発行

著　者　ひろゆき
発行者　櫻井秀勲
発行所　きずな出版
東京都新宿区白銀町1-13　〒162-0816
電話 03-3260-0391　振替 00160-2-633551
https://www.kizuna-pub.jp

印刷・製本　モリモト印刷

 ISBN978-4-86663-217-9